GDI

GRUPO DE INVESTIGAÇÃO

BASTIDORES E PRÁTICA DO JORNALISMO INVESTIGATIVO

GDI

GRUPO DE INVESTIGAÇÃO

BASTIDORES E PRÁTICA DO JORNALISMO INVESTIGATIVO

/ NELSON P. SIROTSKY / MARCELO RECH / MARTA GLEICH /
/ RODRIGO LOPES / CARLOS ETCHICHURY / DIONE KUHN /
/ JAIME SILVA / RODRIGO MÜZELL / DIEGO ARAUJO /
/ GIOVANI GRIZOTTI / CARLOS ROLLSING / ADRIANA IRION /
/ HUMBERTO TREZZI / DÉBORA DALCIN /

L&PM EDITORES

Texto de acordo com a nova ortografia.

Capa: Tatiana Sperhacke
Preparação: Marianne Scholze
Revisão: Mariana Donner da Costa

CIP-Brasil. Catalogação na publicação
Sindicato Nacional dos Editores de Livros, RJ

G941

GDI – Grupo de investigação: bastidores e prática do jornalismo investigativo / Nelson P. Sirotsky ... [et al.]. – 1. ed. – Porto Alegre [RS]: L&PM, 2024.
216 p. ; 21 cm.

ISBN 978-65-5666-472-9

1. Reportagens investigativas. 2. Reportagens e repórteres. I. Sirotsky, Nelson P.

24-88853 CDD: 070.43
CDU: 070.4

Meri Gleice Rodrigues de Souza - Bibliotecária - CRB-7/6439

Rua Comendador Coruja, 314, loja 9 – Floresta – 90.220-180
Porto Alegre – RS – Brasil / Fone: 51.3225.5777

Pedidos & Depto. comercial: vendas@lpm.com.br
Fale conosco: info@lpm.com.br
www.lpm.com.br

Impresso no Brasil
Outono de 2024

Sumário

PREFÁCIO

Liberdade para investigar

*Nelson P. Sirotsky**

Elaborada por representantes de todas as regiões do mundo e proclamada pela Assembleia Geral das Nações Unidas em 1948, a Declaração Universal dos Direitos Humanos transformou-se num documento de identidade coletiva da humanidade e na principal inspiração para a Constituição da maioria dos países democráticos. No artigo 19, o texto da ONU contempla um princípio fundamental do jornalismo, desta empresa de comunicação com a qual tenho vínculo profissional há mais de cinquenta anos e também do tema motivador deste livro: "*Todos os seres humanos têm direito à liberdade de opinião e expressão; este direito inclui a liberdade de, sem interferência, ter opiniões e de procurar, receber e transmitir informações e ideias por quaisquer meios e independentemente de fronteiras*".

Na Constituição Federal brasileira de 1988, a liberdade de expressão encontra abrigo em dois artigos de inquestionável transparência. Artigo 5º, parágrafo 4º: "*É livre a manifestação do pensamento, sendo vedado o anonimato*". Artigo 220: "*A manifestação do pensamento, a criação, a expressão e a informação, sob qualquer forma, processo ou veículo não*

* Publisher do Grupo RBS.

sofrerão qualquer restrição, observado o disposto nesta Constituição". Parágrafo 1º: "*Nenhuma lei conterá dispositivo que possa constituir embaraço à plena liberdade de informação jornalística em qualquer veículo de comunicação social, observado o disposto no art. 5º*". Parágrafo 2º: "*É vedada toda e qualquer censura de natureza política, ideológica e artística*".

Nesse contexto legal, que também inclui a Lei nº 12.527, de 2011, conhecida como Lei Brasileira de Acesso à Informação, fica ainda mais evidente que o jornalismo investigativo é uma prerrogativa decorrente da liberdade de expressão – mais especificamente, o direito legítimo da imprensa independente de identificar, desvendar e denunciar fatos de interesse público, especialmente crimes, condutas ilegais, desmandos, casos de corrupção e outros procedimentos imorais.

Casos célebres

Na prática, jornalismo investigativo é *Watergate*, jornalismo investigativo é *Spotlight*, jornalismo investigativo é *Hiroshima*, jornalismo investigativo é *Vozes de Tchernóbil*, jornalismo investigativo é *A vida que ninguém vê* – todos filmes e livros que se originaram de reportagens célebres feitas por jornalistas ousados e sustentadas por empresas jornalísticas independentes e responsáveis.

Paradigma entre os casos mundiais de corrupção e responsável pela renúncia do presidente do país mais poderoso do mundo, o caso Watergate começou em meados de 1972 com uma investigação jornalística de dois jovens repórteres do diário *The Washington Post* sobre a invasão da sede do Comitê Nacional Democrata, na capital dos Estados Unidos. Durante meses, os repórteres Bob Woodward e Carl Bernstein pesquisaram documentos, entrevistaram fontes, descobriram segredos e, por fim, confirmaram a ligação entre o crime e a Casa Branca, o que culminou com a renúncia do presidente Richard Nixon em agosto de 1974, para sustar o processo de impeachment que resultaria em sua deposição. Nesse episódio documentado em livros e filmes, entre os quais o oscarizado *Todos os homens do presidente*, mais uma vez e de forma inquestionável o jornalismo cumpriu o seu papel de guardião da sociedade e monitor independente do poder.

Prêmio Pulitzer de Serviço Público em 2003, a série de reportagens do jornal *The Boston Globe* sobre casos de abuso sexual e pedofilia por membros da arquidiocese católica de Boston escancarou para o público um escândalo de grandes proporções com o comprometimento de dezenas de padres e a renúncia do cardeal que acobertava os crimes. O caso ganhou o nome da equipe de jornalismo investigativo do jornal – *Spotlight* –, o holofote da imprensa que persegue a verdade, doa a quem doer.

Hiroshima é uma reportagem que levou quarenta anos para ser concluída. Um ano depois da bomba atômica que devastou a cidade japonesa e matou 100 mil pessoas em 1945, o repórter John Hersey, da revista *The New Yorker*, uma das publicações semanais mais importantes dos Estados Unidos, reconstituiu o dia da explosão a partir do depoimento de seis sobreviventes. A matéria causou grande repercussão, especialmente por aliar o rigor da investigação jornalística a um texto literário de qualidade. Quatro décadas mais tarde, Hersey voltou a Hiroshima e escreveu o último capítulo da história das pessoas atingidas pela bomba – um fecho extraordinário para o livro sobre uma das maiores reportagens do jornalismo investigativo de todos os tempos.

A escritora e jornalista Svetlana Aleksiévitch ganhou o Prêmio Nobel de Literatura em 2015 após a publicação do livro-reportagem *Vozes de Tchernóbil*, que aborda uma catástrofe sem precedentes na era nuclear. A explosão ocorrida em 1986 na usina localizada na Ucrânia, então pertencente à extinta União Soviética, provocou um grande morticínio de pessoas, animais e plantas atingidos pela radiação. Svetlana reconstruiu a história daquela tragédia pelo testemunho de viúvas das vítimas, de trabalhadores mutilados, de cientistas debilitados pela experiência, de soldados obrigados a atuar no terreno contaminado e de gente do povo. Seu trabalho de denúncia do arbítrio dos governantes soviéticos foi premiado e é reconhecido como uma das mais contundentes reportagens investigativas da era moderna.

Por fim, um exemplo muito nosso de jornalismo investigativo, também reconhecido e premiado. Da série de reportagens publicadas em *Zero Hora* no final dos anos 1990, a jornalista gaúcha Eliane Brum tirou conteúdo para o seu livro *A vida que ninguém vê*, uma coletânea de histórias de gente comum com vidas fascinantes que ganham visibilidade graças à perspicácia e à sensibilidade da repórter. Assim ela descobre – e entrevista com a melhor técnica do jornalismo – um mendigo que jamais pediu esmola, um homem que come vidro para atenuar a dor da invisibilidade, um carregador de malas de aeroporto que nunca teve a oportunidade de voar, além de outros personagens interessantes extraídos do cotidiano pela investigação criteriosa. Jornalismo investigativo não é só escândalo de corrupção; também pode ser usado para decifrar a alma humana.

No DNA da RBS

Eliane Brum, assim como Giovani Grizotti e outros profissionais vocacionados para escarafunchar coisas ocultas até encontrar a notícia, comprovam que a RBS pratica o jornalismo investigativo desde sua origem, como parte essencial de seu propósito e de sua visão. Muito antes da criação do Grupo de Investigação (GDI) motivador deste livro que relata casos publicados nos veículos do Grupo RBS, vários de nossos repórteres mantinham a investigação nas suas agendas de trabalho cotidiano. A rigor, todo repórter é investigativo, pois a curiosidade, o ceticismo, a pesquisa, o questionamento reiterado, a busca perseverante da notícia integram a essência da profissão.

De uns tempos para cá, porém, a formação de uma equipe de profissionais especializada nesta tarefa aparece como diferencial nas grandes empresas de comunicação do mundo e do país. No Grupo RBS, a ideia de criar o GDI começou a circular na década de 1990, primeiro nas redações, depois nas reuniões do nosso antigo Comitê Editorial.*

Foi a partir de debates entre editores e diretores que decidimos sistematizar a reportagem investigativa e formar um grupo especializado de profissionais para atuar predominantemente nesta área. Seja como presidente da empresa,

* Grupo de aconselhamento formado por integrantes da Direção Geral, diretores da área editorial e editores do Grupo RBS, atualmente substituído pelo Conselho Editorial, que inclui convidados externos.

como membro do seu Conselho ou, mais recentemente, como *publisher* do grupo, sempre apoiei integralmente e continuo apoiando esse projeto, pois entendo que o jornalismo de qualidade não se resume apenas à divulgação e à cobertura dos fatos noticiáveis. Somos também prestadores de serviço para os nossos públicos. Nesse contexto, cabe-nos, também, fazer investigações próprias, ainda que outras instituições da sociedade as façam por dever constitucional. Temos a representação da sociedade – pela relevância da nossa audiência e pela preferência do público por nossos veículos e profissionais – para lançar a luz do jornalismo sobre episódios obscuros. Claro que temos que fazer isso com responsabilidade, até mesmo porque nos cabe levantar os fatos e deixar que as autoridades constituídas deem consequência administrativa ou legal a eles.

Consideramos o jornalismo investigativo uma obrigação, mas também não ignoramos que esse tipo de trabalho contribui para aumentar a nossa credibilidade e a nossa reputação como organização identificada com a sociedade. Reportagens polêmicas trazem mais problemas do que qualquer retorno tangível, mas trazem também o reconhecimento do público em relação à nossa empresa e ao nosso trabalho, principalmente quando tais reportagens resultam em consequências práticas. Nosso GDI foi criado em 2016; só no primeiro ano de existência, realizou 31 reportagens investigativas que resultaram na abertura de 29 apurações por órgãos oficiais, impactando a vida de centenas de gaúchos.

A maior gratificação para o nosso trabalho de investigação ou apuração de denúncias ocorre quando uma autoridade pública de qualquer nível reconhece a legitimidade das reportagens e utiliza as nossas informações para corrigir os problemas levantados. Sabemos, nessas ocasiões, que o público em geral, e os consumidores de nossos produtos em particular, é que está sendo beneficiado.

Como gestor, posso afirmar que a empresa recebe reclamações cada vez que uma reportagem investigativa ganha dimensão, mas já conquistamos suficiente credibilidade e independência para as pessoas entenderem que não vamos desistir. Nossa filosofia é o diálogo; ouvimos todos os que nos demandam e corrigimos sempre eventuais equívocos. Mas não abrimos mão da nossa liberdade de investigar porque entendemos que esse é um dever do jornalismo.

O dever da liberdade

Gosto muito de uma afirmação do professor Eugênio Bucci, da Universidade de São Paulo, inspirada no filósofo Jean-Paul Sartre: "Os jornalistas e os órgãos de imprensa não têm o direito de não ser livres; não têm o direito de não demarcar a sua independência a cada pergunta que fazem, a cada passo que dão, a cada palavra que escrevem". Em síntese, a imprensa tem o dever da liberdade, da liberdade que a Constituição e as leis nos asseguram, da liberdade de buscar informações e levá-las ao público com o máximo de objetividade e isenção, da liberdade de informar, opinar, analisar e investigar.

O custo do jornalismo investigativo é elevado? No aspecto econômico, o investimento é semelhante às demais áreas do jornalismo. Investimos na qualificação das pessoas, na remuneração adequada, na oferta da nossa estrutura para que esses profissionais façam bem o seu trabalho, busquem as informações corretas e as distribuam para os nossos públicos. Evidentemente, pela natureza das reportagens, esse tipo de trabalho exige um pouco mais de atenção da nossa área jurídica. Embora procuremos atuar sempre com muita responsabilidade, respeitando a legislação e o direito das pessoas citadas, é preciso prover recursos para eventuais contestações judiciais.

No caso da RBS, o trabalho do GDI é acompanhado pela direção da empresa com a mesma atenção dedicada às outras áreas, principalmente por meio do Conselho Editorial, que atualmente é integrado por diretores, editores e também por membros externos convidados. Recebe, ainda, o acompanhamento dos comitês de jornalistas nas redações e da nossa área jurídica. Fazemos reuniões periódicas de compartilhamento interno e de alinhamento, de planejamento e de correções de rumo, quando necessário. É um processo dinâmico, sempre em interconexão com jornalistas, editores e gestores. A empresa dá suporte e garante a independência do jornalismo e dos profissionais para fazerem o que for necessário nas suas investigações. Mas as escolhas de temas, a forma de abordagem, o trabalho em si, esses não passam pela direção. São decisões das redações. Acompanhamos, respaldamos e procuramos fazer o devido reconhecimento para o trabalho bem-feito, tanto pela remuneração justa de nossos profissionais quanto pela premiação que concedemos às melhores reportagens de cada ano. Essa é uma das nossas estratégias internas para manter a motivação dos nossos profissionais.

Mas a principal motivação dos nossos repórteres investigativos – disso não tenho dúvida – é o desafio de publicar aquilo que alguém não quer que se publique, aquilo que maus governantes e maus cidadãos tentam esconder do público. Para isso existe a liberdade de imprensa – para o público, e não apenas para os jornalistas e as empresas de comunicação. A liberdade de investigar e divulgar, garantida pela Constituição, é a essência do jornalismo combativo, que é buscar a informação aonde ela estiver, denunciar malfeitos, expor as mazelas sociais, fiscalizar o poder em todas as suas esferas e servir ao público.

Se quisermos ficar com um conceito mais institucional e global, a Unesco diz que jornalismo investigativo é a modalidade de jornalismo que busca a revelação de fatos que são ocultados deliberadamente por alguém em posição de poder.

Tecnologia e inteligência artificial

O crescente avanço da tecnologia na área da comunicação pode tanto representar ameaça quanto oportunidade para os jornalistas, especialmente para os profissionais dedicados ao jornalismo investigativo. Não há dúvida de que o risco da desinformação aumentou. A divulgação massiva de informações falsas confunde as pessoas, que nem sempre sabem distinguir uma postagem irresponsável de uma notícia bem apurada. Mas a contribuição de leigos também pode ajudar o bom jornalismo. Exemplo recente e significativo de um registro verdadeiramente jornalístico gerado pelo público ocorreu no assassinato do afro-americano George Floyd, em maio de 2020, durante uma abordagem policial em Minnesota. Tanto que a imagem captada pela adolescente Darnella Frazier com o seu celular rendeu-lhe uma menção especial no Prêmio Pulitzer, o mais renomado prêmio de jornalismo norte-americano, além do Prêmio de Bravura da organização PEN America, que se dedica à defesa da liberdade de expressão e dos direitos humanos. Foi o gancho para uma grande cobertura jornalística que gerou uma onda de protestos, o movimento mundial Black Lives Matter. Depois da divulgação do impactante vídeo, os jornalistas e os veículos de comunicação investigaram e cobraram ações das autoridades, até que os responsáveis pelo crime fossem devidamente punidos.

As tecnologias digitais podem ser utilizadas para incrementar o jornalismo investigativo, não apenas facilitando o acesso a informações protegidas como também ampliando a possibilidade de pesquisas e permitindo maior proteção tanto para as fontes quanto para os próprios jornalistas. Considerando-se as facilidades oferecidas pelas novas ferramentas, a concentração de registros oficiais em bancos de dados e a amplitude das redes sociais, parte importante da investigação jornalística pode agora ser feita à distância, via internet, desde que os profissionais se mantenham preparados e atualizados em relação às novas ferramentas.

Nesse contexto está a inteligência artificial. Ela disponibiliza muitas informações e muitos caminhos para a notícia, mas não substitui o ser humano. Se o jornalista não fizer a checagem de tudo, não fizer a curadoria adequada, não identificar as fontes confiáveis, dificilmente sairá uma boa notícia. A IA pode auxiliar em várias áreas, mas cabe ao profissional preparado fazer a interpretação e validar aquilo que realmente merece chegar ao público.

Independência e democracia

A liberdade é um dever do jornalista, da mesma forma que é um direito do cidadão. Quando defendemos a liberdade de imprensa, algumas pessoas pensam que estamos litigando em causa própria, que queremos apenas prerrogativas para as empresas jornalísticas e seus profissionais. Não é assim. A liberdade de imprensa, como a entendemos, é o direito do cidadão de receber informações independentes e opiniões plurais, para que possa formar seus próprios juízos a respeito dos assuntos de interesse público da vida nacional.

Por isso a liberdade de expressão é o principal suporte da democracia. Pessoas bem informadas e conscientes não se deixam enganar nem se submetem a decisões autoritárias; pessoas informadas exercem melhor a cidadania; pessoas informadas escolhem melhor seus representantes políticos e seus governantes.

Mas a imprensa só pode prestar esse serviço para o público e para a própria democracia se for independente, se não tiver vínculos políticos e econômicos com o poder, se tiver segurança para enfrentar pressões, ameaças e cerceamentos de qualquer natureza. Aqui, a liberdade de imprensa se conjuga com a liberdade de expressão. O jornalismo é a liberdade de expressão exercida com técnica, ética e comprometimento exclusivo com o interesse público.

INTRODUÇÃO

Um dever do jornalismo

*Marcelo Rech**

Há algumas décadas, uma autoridade militar entrou em contato comigo, então diretor de redação de *Zero Hora*, para contar que o Exército estava preocupado com possíveis campos de treinamento de terroristas islâmicos nas bordas da fronteira brasileira. Em razão das limitações legais e diplomáticas, os militares não tinham meios de investigar a existência e a natureza destes campos. Já a imprensa, sem restrições que não fossem de segurança ou de natureza ética e legal, poderia vasculhar livremente os territórios.

A situação acima demonstra o alcance e potencial do jornalismo investigativo para trazer à tona uma realidade, colher informações, conferi-las – o famoso processo de checagem – e divulgá-las, tendo como norte apenas o interesse público. (Antes que seja tarde: o jornal *Zero Hora*, por meio do grande repórter Carlos Wagner, não identificou os tais campos, embora tenha detectado uma rede de simpatia por grupos terroristas mimetizada em setores de comunidades muçulmanas baseadas na Tríplice Fronteira de Brasil, Argentina e Paraguai).

Não raro, questiona-se exatamente o papel da imprensa ao mergulhar nas sombras das suspeitas e, sem maiores

---

* Jornalista e membro do Conselho Editorial do Grupo RBS.

explicações, apontar publicamente atos delituosos e seus responsáveis. Tem o jornalista o direito de exercer a missão de fiscalização, constitucionalmente atribuída ao Ministério Público e a forças policiais? Pode um repórter investigar a vida de alguém e tornar públicas revelações que desmereçam sua biografia? As perguntas são justificáveis, em particular pela perspectiva de quem é alvo das investigações, mas a resposta é uma só: a imprensa tem não só o direito, mas o dever de jogar luzes nas dobras ocultas da sociedade, seja nos peixes pequenos, como na descoberta de uma rede de prostituição infantil (como *Zero Hora* já o fez), ou nos peixes grandes, para desmascarar um empréstimo trambiqueiro de um presidente da República para tentar justificar gastos sem comprovação.

Mesmo em países de democracia madura, com reconhecida eficiência policial e baixos índices de golpes financeiros, corrupção e crimes, cabe à imprensa olhar para circunstâncias que passam ao largo da vigilância oficial. Watergate, apenas para ficar no episódio mais célebre de toda a história do jornalismo investigativo, nasceu assim, no miolo de uma democracia consolidada, para comprovar a tese de que não importam latitude e longitude: jornalistas com faro apurado e obsessão pela verdade terão sempre farta matéria-prima para expor maus comportamentos em suas sociedades.

Ressalve-se que nem sempre o jornalismo investigativo vai atrás de crimes em potencial. Condutas sociais são um campo abundante para investigações jornalísticas com o objetivo de fazer a sociedade se conhecer melhor. Quando o repórter Günter Wallraff escreveu em 1988 o livro-reportagem *Cabeça de turco: uma viagem nos porões da sociedade alemã*, ele não acusou ninguém em particular, mas sim a estrutura social alemã que ignorava ou desprezava trabalhadores trazidos da Turquia para fazer serviços que os alemães descartavam.

O jornalismo investigativo tem um meio – a reportagem em si –, mas deve ter também um objetivo posterior: a correção de rumos que levaram a uma situação enviesada, seja ela um crime de corrupção ou um desvirtuamento ético do comportamento social. Para corrigir um problema, é preciso antes saber de sua existência – e quem faz isso, muitas vezes arriscando a vida e a reputação individual e de todo um veículo, é o jornalismo investigativo. Um exemplo: se uma reportagem gera uma norma ou lei que venha a inibir crimes ambientais, há um senso de gratificação, mas a suposta revisão de uma situação irregular também não é o fim da linha. Cabe ao jornalismo seguir vigilante, até para constatar se as novas normativas estão de fato sendo aplicadas, e como, e quais seus resultados práticos. Ou seja, o jornalismo investigativo nunca chega realmente ao desfecho da situação identificada, porque novas circunstâncias sempre estarão entrando ou saindo de cena, em um moto-contínuo de assuntos e abordagens possíveis.

Essa sensação de enxugar gelo muitas vezes pode ser frustrante para jornalistas e sociedade, mas não há outro caminho sensato para a gradual correção de rumos. Costumo dizer que, se fosse pela quantidade de matérias publicadas sobre corrupção no Brasil nas últimas décadas, o Brasil rivalizaria com a Finlândia nos rankings de honestidade pública. Mas em que fundo de poço ainda mais fundo não estaríamos se a corrupção não fosse um tema central e recorrente das apurações jornalísticas no Brasil?

Nesses casos, a imprensa cumpre sempre exemplarmente seu papel? A resposta é *não*. Muita gente, inclusive dentro das redações, recebe um dossiê externo ou recolhe um vazamento deliberado de um procurador federal, divulga-o e acha que está fazendo jornalismo investigativo. Não é assim. No máximo, pode-se considerar que dossiês – se devidamente checados – e apurações de terceiros, como do próprio MP, ainda estão no campo da denúncia, e como tal devem ser tratados com cautelas redobradas. Jornalismo investigativo pressupõe muito mais que denunciar: investigação pelo próprio repórter, determinação para vencer os obstáculos e coragem para também assumir que não se tem uma matéria pronta ou sequer uma matéria enquanto não se tiver recolhido um abundante cardápio de provas, evidências e conexões.

Na década de 1980, como repórter de *Zero Hora*, recebi a incumbência de investigar possíveis contratos fraudulentos na Secretaria Estadual da Saúde do Rio Grande do Sul. Depois de muitos dias e de perambular por infindáveis repartições e gabinetes, cheguei à conclusão de que não tinha uma história. Ou não consegui elementos suficientes para demonstrar a suposta fraude, ou simplesmente não havia mesmo nada de errado ou de grave nos contratos. Nada foi publicado. Felizmente, ninguém me cobrou pelo tempo investido na apuração, e nem pelos recursos do jornal jogados fora na investigação infrutífera.

Qualidade e veracidade

Investir em jornalismo investigativo, e correr os riscos inerentes a ele, está no DNA dos fundadores e acionistas da

RBS. É um seguro contra pressões indevidas nas redações, mas também um compromisso com a qualidade e a veracidade, é claro, da apuração até que todos se deem por satisfeitos com o nível de exigência jornalística esperado antes que o material seja tornado público.

É essa postura empresarial que assegura a tranquilidade para se produzir e publicar grandes reportagens, por vezes incômodas a anunciantes ou a setores inteiros – ou mesmo de, aqui e ali, se permitir cometer mancadas bem-intencionadas, com consequências apenas internas, com a convicção de que fazem parte da atividade jornalística.

Em um destes casos, que virou piada nos anos 1990, já como diretor de redação, autorizei a liberação de recursos para um repórter comprar uma carteira de habilitação falsificada e, assim, comprovar um suposto esquema de fraude no Detran. O repórter pagou o vigarista e nunca recebeu o tal documento.

Não houve reportagem, é claro, mas internamente eu brincava dizendo que a matéria imaginária deveria ter outro título: "*Zero Hora* cai no golpe da carteira falsa".

A difícil postura de se publicar, custe o que custar, ou de não se publicar, quando não há matéria, só pode ser adotada por quem tem responsabilidade sobre o que publica. Esse é um princípio básico do jornalismo, ainda que possa parecer estranho ao mundo das redes sociais, que incluem a suspeição e a ofensa como partes do ganha-pão do engajamento. Bom jornalismo investigativo é também saber a hora de parar e de admitir que nem sempre há uma reportagem. (Mas só o fato de entrar em contato com uma série de pessoas e autoridades públicas durante aquela apuração sobre a Secretaria da Saúde rendeu-me uma fileira de boas fontes para matérias futuras).

Ainda que não se prendam a aspectos diplomáticos, jornalistas investigativos também não têm os poderes da polícia e do Ministério Público. Não podem pedir a quebra de sigilos telefônicos ou bancários e nem requisitar depoimentos. Precisam, portanto, de muita paciência e técnica jornalística, e de uma boa dose de fontes caridosas que compartilhem com o repórter o amor pela verdade e pela justiça.

Devo a uma dessas fontes a origem de uma reportagem que abalou o Brasil e teve papel decisivo na queda do então presidente Fernando Collor de Mello. No início dos anos 1990, o Brasil se voltava para Brasília, em particular para a CPI da Corrupção, que ficou conhecida como a CPI do PC, que ameaçava derrubar Collor. O então presidente fora denunciado pelo próprio irmão em uma entrevista-bomba na revista *Veja* e flagrado em gastos sem comprovação em meio a uma rede de cupinchas da república de Alagoas, entre os quais o notório tesoureiro-mor da campanha, Paulo César de Farias, o PC que deu nome à CPI.

Para tentar explicar a origem dos gastos exorbitantes, a *entourage* de Collor montou um depoimento surpreendente na CPI. O então presidente da Caixa Econômica Federal, Cláudio Vieira, narrou a perplexos congressistas que Collor havia obtido um empréstimo de US$ 5 milhões junto a uma financeira no Uruguai.

Eu, que viajava quase toda semana a Brasília para reforçar a cobertura dos escândalos, estava na redação de *Zero Hora* ao cair da tarde enquanto se desenrolava o depoimento, ladeado por colegas grudados na transmissão ao vivo. Quando o presidente da CEF mencionou o empréstimo, editores olharam para mim e disseram: "Vai agora para o Uruguai". Sem mais voos naquele dia, embarquei com o fotógrafo Genaro Joner num ônibus que atravessou a madrugada e nos deixou ao amanhecer em Montevidéu.

No primeiro endereço a que fomos, a financeira que teria liberado o empréstimo, não havia nenhum funcionário, mas achamos um doleiro que teria entregue a emissários de Collor os US$ 5 milhões. À primeira vista, a narrativa ficava de pé. Collor precisava pagar despesas, fez um empréstimo na época e tinha os documentos de então para provar. Um pseudojornalista, acertado com a defesa de Collor, havia até viajado antes ao Uruguai para corroborar a versão.

Dias depois, uma delegação da CPI desembarcou em Montevidéu, mas, de novo, as restrições diplomáticas impediam investigações parlamentares com mais desenvoltura. Foi então que, na saída de uma visita da delegação à embaixada do Brasil, o deputado Odacir Klein, do PMDB gaúcho, muito ativo na CPI e a quem eu conhecia das coberturas de campanhas eleitorais, reconheceu o conterrâneo do Rio Grande do Sul e soprou-me ao ouvido: "O furo está no tabelião". Dali em diante, dei uma guinada completa na cobertura. Nem a financeira e nem o doleiro. Meu alvo passou a ser a falsidade do contrato de empréstimo.

Em questão de horas, a versão desabou como um castelo de cartas. Em contato com cinco tabeliães, constatei que era prática comum no Uruguai guardar selos notariais de anos anteriores caso se pretendesse dar aparência de documento antigo a contratos recentes. Um dos escrivães até me presenteou com uma batelada de selos e contratos em branco: eu poderia forjar facilmente um empréstimo de anos antes em nome de Papai Noel, se quisesse. Para agravar a situação de Collor, a menção ao nome do tabelião em que fora registrado seu documento despertava risos entre seus colegas: era um notório salafrário. O pacote todo da trampa uruguaia saía em Montevidéu, ao alcance de qualquer vigarista, pela mixaria de US$ 1 mil na época.

A manchete de *Zero Hora* – "Documento de Vieira custa US$ 1 mil no Uruguai" – estremeceu o país e o Congresso. *Zero Hora* foi citada quatro vezes no relatório final da CPI que embasou o processo de impeachment de Fernando Collor. O jornalismo investigativo fazia história, mas não a corrigia. A corrupção seguiu frouxa no Brasil, e mesmo o ex-presidente acabou absolvido e eleito senador por Alagoas antes de ser condenado pelo STF a oito anos e dez meses de prisão – sempre com recurso em liberdade, é claro.

A editoria mais aguerrida

A reportagem Operação Uruguai fazia jus à tradição investigativa de *Zero Hora*, que nasceu e cresceu inquieta como exemplo de jornalismo ágil e aguerrido em áreas que chamamos de "vida real", saúde e educação, entre elas. Na maioria dos grandes jornais, as editorias tidas como mais nobres são as de Política e Economia. Em *Zero Hora* dos anos 1970, 1980 e 1990, a despeito de grandes jornalistas e reportagens em outras áreas, a editoria mais aguerrida, de linha de frente, era a chamada Geral. Ali se sucederam gerações de repórteres que colocaram os olhos e toda a sua energia para desvendar situações e revelar histórias espetaculares em campos que até então despertavam pouca atenção: além de saúde e educação, meio ambiente, obras, segurança e todo o cardápio que não se encaixava em Política e Economia.

Meu primeiro emprego em *Zero Hora*, em 1986, foi como copidesque da Geral, e ali eu penteava, ou seja, dava uma arrumada (em alguns um pouco mais, em outros nada) nos textos de grandes repórteres como Carlos Wagner, Marta Gleich, André Pereira, Luiz Oscar Matzenbacher, Monica Gugliano e Mauro Silveira, comandados por uma editora apaixonada pela reportagem, Núbia Silveira. Um ambiente ousado de repórteres, editores e chefes de reportagem conspirava a favor de matérias profundas e de impacto, sobretudo nas edições dominicais e após a criação do então Caderno D, um suplemento dedicado a grandes matérias.

Aos olhos do Brasil, *Zero Hora* virou sinônimo de grandes reportagens, com premiações costumeiras em edições do Prêmio Esso. Com o passar dos anos, foram se fortalecendo o compromisso e o orgulho com a apuração densa, a matéria trabalhada e bem editada. Anos depois, em 1993, eu era repórter especial da Geral, embora emprestado seguidas vezes a outras áreas, quando fui convidado a assumir a função de editor-chefe de *Zero Hora*.

Sem experiência em edição, procurei compensar minha deficiência neste campo cercando-me de editores e subeditores de primeira linha. A montagem desse time se mostraria decisiva nos anos seguintes na consolidação de uma barra cada vez mais alta para a qualidade das pautas, dos textos e, sobretudo, da edição.

A reportagem investigativa é conduzida na linha de frente pelo repórter, e pelo fotógrafo, naturalmente (com uma tremenda mão de um bom motorista ou de um setor administrativo ágil, ressalve-se). Mas são os editores que dão vida ou podem matar uma pauta e uma matéria. São eles que a tornam mais atraente ou que a enterram num canto sem destaque. Ao longo de décadas, *Zero Hora* se transformou no que é – um símbolo do bom jornalismo – porque soube mesclar os talentos de bons editores com os de bons repórteres, temperados por bons colunistas, fotógrafos, ilustradores, designers e todas as funções que sustentam um veículo de comunicação.

O Grupo de Investigação que hoje faz história na RBS acabou por se tornar a consagração desta espécie inquieta, dando forma, estrutura e estratégia a uma prática que fazia o jornal e o grupo sobressaírem no cenário jornalístico, embora quase sempre com as redações baseadas apenas na intuição. Com o GDI, o planejamento e o método, em especial na crucial checagem, ampliaram em muito a qualidade e o alcance do jornalismo investigativo. Sorte dos gaúchos de bem, azar dos trambiqueiros de diferentes matizes, o GDI conseguiu estabelecer uma linha de montagem da reportagem investigativa.

Até então, os casos se sucediam quase por acaso, ou por empenho pessoal. Uma denúncia chegava ao jornal, o editor repassava a pauta para um repórter com perfil para a história e aguardava o resultado da apuração. Em outras ocasiões, o repórter topava com a denúncia e propunha a investigação a um editor. No fim, tinha-se uma reportagem, mas nem sempre as técnicas de apuração e de checagem eram as melhores, e muito menos padronizadas. Também não se tinha a menor ideia do que outros veículos da RBS estavam produzindo. Podia ser que a RBS TV e seu ás da investigação,

Giovani Grizotti, estivessem no mesmo rumo e os trabalhos andassem em paralelo, com esforços divergentes e resultados menos impactantes.

Faxineiros ilustres

Ainda assim, produzia-se nos anos 1980 e 1990 um volume razoável de investigações. Numa delas, fui encarregado de verificar um estranho concurso para faxineiro na Justiça Federal que atraíra grande quantidade de parentes de desembargadores. Sem internet, todo o trabalho era virtualmente braçal – e pernal.

Batia-se, literalmente, pernas, subindo e descendo andares do antigo prédio do Tribunal Federal, e em muitas portas de gabinetes. Em todo o ambiente público, como em qualquer outro, se sabe de tudo, ou quase tudo. E, quando alguém apronta ou pratica algum desvio flagrante, sempre haverá alguém inconformado disposto a dar um basta na festa clandestina de outros.

Foi o caso deste concurso. Uma meia dúzia de juízes e desembargadores viu no concurso para faxineiros uma oportunidade de proporcionar a entrada no serviço público para filhos, filhas, mulheres e uma parentada sem fim. Uma vez chamados para faxineiros, logo seriam convocados pelos juízes para atuar em um gabinete com adicionais disso e daquilo. Para que faxineiros de verdade não atrapalhassem o plano, as provas do concurso, destinado à sede do TRF em Porto Alegre, haviam sido marcadas para Uruguaiana. Um só desembargador teve sete parentes aprovados. Quando o entrevistei e perguntei se não era estranha essa compulsão de seus parentes pela função de faxineiro, ele redarguiu: "Qual é o problema? É uma profissão tão digna como as outras". Não se discute, mas o fato é que havia uma boa quantidade de magistrados, e de funcionários, visivelmente desconfortáveis com a artimanha. E alguns juízes e advogados, porque felizmente sempre há quem se indigne com a desfaçatez, não se furtavam a alimentar a reportagem. Depois de publicado, o concurso foi feliz e sabiamente anulado, mas um dos pilhados na investigação entrou com uma ação contra mim e o jornal. Embora ações originárias em membros do Poder Judiciário sejam sempre um risco altíssimo de condenação, vencemos o processo.

Nem sempre reportagens investigativas são motivo de orgulho, como foi o caso de uma pauta que me tocou cinco meses depois de ter ingressado como repórter especial de *Zero Hora*, em 1988. Em setembro daquele ano, um sujeito desequilibrado, inconformado com a situação política e econômica do Brasil, sequestrara um Boeing da Vasp que havia partido do aeroporto de Confins, em Belo Horizonte, com a intenção de lançá-lo contra o Palácio do Planalto e matar o presidente José Sarney. A história toda, por sinal, está contada no filme *Sequestro do voo 375*, dirigido por Marcus Baldini.

O sequestrador entrara no avião com um revólver calibre 32 sem ser incomodado e anunciara o sequestro. Alguém no jornal teve a ideia de demonstrar o quão fácil era alguém passar pelos controles de aeroportos brasileiros com uma arma na bagagem.

Hoje parece inacreditável, mas até o fim dos anos 1980 não havia qualquer revista, eletrônica ou manual, para se ingressar na área de embarque do aeroporto Salgado Filho, em Porto Alegre. Uma reportagem similar havia sido feita na Europa anos antes e levara a reforços na segurança. A intenção era boa, mas o método hoje não passaria pelos controles de qualidade e responsabilidade internos. Para demonstrar a falha na inspeção, minha missão, e a do fotógrafo, era embarcar com uma arma e fotografá-la dentro do avião. Obviamente, descartei a insana ideia de sacar a arma dentro da cabine, mas o fotógrafo levou um pequeno revólver descarregado até o banheiro e, do fundo do avião, sem que ninguém percebesse, fotografou-o escondido na mão, com o corredor ao fundo. Era mais do que suficiente.

Primeira pessoa

Para dar sentido à "experiência" e descrever os detalhes, precisei redigir a reportagem em primeira pessoa, o que sempre pode parecer um tanto pedante. As duas páginas de *Zero Hora* com toda a história foram uma dura humilhação ao sistema de segurança do Salgado Filho e acenderam um sinal de alerta já evidente: era preciso acelerar a instalação de aparelhos de raio-x e fazer passar por eles todos os passageiros e tripulantes.

Tais reportagens em primeira pessoa, às vezes constrangedoras para quem as fazia, tiveram seu apogeu nos anos 1970 e 1980. Repórteres se fingiam de loucos para narrar os horrores de um manicômio ou de mendigos para evidenciar a falta de sensibilidade geral com alguém na ponta mais deteriorada da condição social. No auge da imaginação, ou da falta dela, um casal de repórteres se vestiu com roupas finas e arrumou um carrão da época – um Escort XR3, porque provavelmente não conseguiram nada melhor – e circularam por bailes populares para testar a reação dos demais participantes.

Em outra, uma atriz foi contratada para propor passar óleo em banhistas homens para que a reportagem avaliasse a reação de namoradas e esposas. De tão repetidas, tais reportagens em primeira pessoa, que investigavam em geral fenômenos e comportamentos sociais, ganharam dos repórteres o apelido zombeteiro de "Confesso que vivi".

Felizmente, pelo menos para mim, que nunca fui um adepto do método, esse ciclo da imprensa brasileira foi se extinguindo e substituído por investigações mais sofisticadas e de maior envergadura. Não que elas não existissem nos anos 1970 e 1980, apesar da censura e, depois, da abertura muito lenta e gradual para os nossos anseios e expectativas. Mas eram um tanto raras, e talvez por isso causassem tanto furor, sobretudo as que começavam a levantar o véu do regime militar que escondia casos de corrupção, desperdício e mau uso de recursos públicos.

Em 1990, em uma viagem aos Estados Unidos patrocinada pelo então serviço de relações públicas do Departamento de Estado, o USIS (United States Information Service), eu e um grupo de jornalistas brasileiros fomos apresentados ao que se prenunciava como o início de uma nova era da investigação editorial. Em visita à prestigiada faculdade de jornalismo da Columbia University, conhecemos ali um laboratório de jornalismo investigativo patrocinado pela Gannett, rede de jornais que já havia conquistado dezenas de prêmios Pulitzer. Cinco anos antes do advento da internet comercial, o laboratório pesquisava o que eles batizaram como "reportagem assistida por computador".

Em última análise, era o uso das bases de dados dos serviços públicos para se seguir uma história, levantar indícios, comprovar suspeitas e demonstrar, com documentos, uma irregularidade. Na viagem, comprei o livro *The Reporter's Handbook: An Investigator's Guide to Documents and Techniques* [O manual do repórter: Um guia do investigador de documentos e técnicas], que ensinava o caminho das pedras para jornalistas terem acesso a informações públicas. O livro era centrado nas quase infinitas possibilidades de se obter dados nas repartições públicas dos Estados Unidos, e sobre onde poderiam estar as minas de ouro de informações a amparar reportagens investigativas.

Nada disso estava disponível no Brasil. Quando muito, alguém vazava um documento, às vezes atropelando a ética – ao menos de acordo com o que seria considerado aceitável nos tempos de hoje. No jornalismo dos anos 1990, imbuído de demonstrar os rolos de Fernando Collor com PC e a corrupção, as situações-limite eram frequentes. Repórteres que cobriam a CPI do PC recebiam cópias de cheques pessoais quase diariamente, em flagrantes violações de sigilos bancários, sabe-se lá fornecidos por quem.

Muitos desses vazamentos ocorriam na própria CPI, mas outros vinham diretamente de sistemas dos bancos acessados por funcionários que também queriam ver Collor longe, mesmo que por meio de métodos não recomendáveis.

O vazamento de documentos era, e ainda é em algumas circunstâncias, quase um procedimento de defesa contra a falta de transparência da coisa pública no Brasil. Essa opacidade das informações públicas se reduziu bastante a partir de 2011, quando entrou em vigor a Lei de Acesso à Informação, resultado de uma batalha de entidades da comunicação e de jornalistas. A partir dali, passou a haver pelo menos um recurso oficial para se buscar documentos e dados, embora gradualmente os serviços públicos também tenham absorvido fórmulas para ocultar informações e governos ainda decretem, sem justificativa aceitável, cem anos de sigilo sobre temas inconvenientes.

No *Reporter's Handbook* e em tantas outras publicações, o mantra do repórter investigativo já era o "siga a trilha do dinheiro". Em suma, quase todo escândalo envolve somas de dinheiro que tentam ser escondidas por quem as desvia. O repórter que desvendar e percorrer essa trilha encontrará as pessoas beneficiadas, os que se valeram de procedimentos escusos e o destino do desvio. Bingo. Simples, mas não é fácil, como se verificou na Operação Lava-Jato, uma das maiores operações de combate à corrupção do mundo que, na prática, teve um papel investigativo secundário da imprensa.

Havia muitas denúncias, por certo, mas era quase impossível a um jornalista brasileiro seguir uma trilha de dinheiro desviado que atravessava oceanos, se camuflava em trustes, *offshores* e bancos e financeiras que aceitavam abrir contas em nome de laranjas. O Ministério Público, apesar dos questionamentos posteriores, contava com um punhado de instrumentos legais, inclusive de colaboração com promotores estrangeiros, para obter as informações, e vazava a documentação para manter o fundamental apoio da opinião pública a uma operação que contrariou alguns dos interesses mais poderosos da República no Brasil e no exterior.

Relação delicada

A relação da imprensa com as autoridades investigativas, por sinal, é sempre delicada. Quando alguém vaza uma informação, há sempre um interesse por trás. Cabe ao jornalista e ao veículo identificarem quais são esses interesses e, principalmente, se são legítimos. Na imensa maioria das vezes, o são – levando-se em conta o interesse público pela verdade e pela transparência.

Mas não pode haver ingenuidade nessa relação. Em determinados casos, trata-se de mera rivalidade política fadada a se esvair no primeiro solavanco.

Essa prática é comum em períodos eleitorais, por exemplo.

Alguém registra uma denúncia no Tribunal Eleitoral e depois vaza que o MP está investigando Fulano. Ora, o Ministério Público investigar é tão óbvio e corriqueiro como repórter fazer uma reportagem ou padeiro fazer pão. Em princípio, não há novidade alguma nisso, porque investigar é a razão primeira da existência do MP. Estranho seria se abdicasse de fazê-lo diante de uma denúncia. Mas o vazamento da mera investigação, em geral por quem fez a denúncia, ainda alvoroça incautos, sobretudo no pântano moral das redes sociais.

Como vacina para as artimanhas eleitorais, a RBS publica a cada eleição seu ideário editorial. Com base nele, promovi incontáveis reuniões com dirigentes partidários para explicar que os veículos da RBS não divulgam denúncias em períodos eleitorais que não tenham sido apuradas por sua própria equipe ou não tenham sido acolhidas pela Justiça. Nunca vi alguém discordar publicamente desta posição. Mesmo assim, muitas vezes os editores são cobrados porque o veículo A e o jornalista B não divulgam esta ou aquela denúncia que, aos olhos dos adversários políticos, vai balançar as eleições. Exatamente porque o interesse, nestes casos, não é legítimo. Passaria a ser, recorde-se, se houvesse apuração própria ou se a Justiça Eleitoral desse curso ao caso. Na imensa maioria das vezes, porém, tais denúncias não passam de traques que não chegam vivos ao dia da eleição.

Como se viu acima, fazer jornalismo investigativo não exige apenas argúcia e obsessão pela verdade. O veículo precisa deslocar recursos, muitas vezes pesados diante de suas condições econômicas, e correr toda sorte de riscos – das armadilhas que iludem repórteres e editores a ações cíveis que podem destruir sua saúde financeira, passando por incompreensões e violência reais. Como diretor de redação, não foram uma ou duas as vezes em que orientei para que repórteres ameaçados fossem mantidos em lugares sigilosos no interior do Estado enquanto se esperava o esfriamento das ameaças ou sua elucidação.

Com tudo isso, por que um veículo vai se incomodar tanto para produzir investigações que possivelmente vão trazer muita dor de cabeça? Porque é a nossa obrigação, o dever primeiro do jornalismo com a verdade e a sociedade. Se não o fizer, não será jornalismo – será outra coisa. Simples assim.

De onde veio o GDI

*Marta Gleich**

O livro que você tem em mãos foi escrito por gente absolutamente apaixonada por Jornalismo, assim, com letra maiúscula. Apaixonada por aquele tipo de jornalismo raiz, assentado em uma missão. Gente que acredita estar fazendo algo maior do que apenas colocar umas reportagens na televisão ou no jornal para ganhar o salário no fim do mês. Profissionais que veem o jornalismo, especialmente o investigativo, como motor essencial de mudanças positivas na sociedade.

Há quarenta anos trabalho numa redação. Tive o privilégio de, recém-formada na Universidade Federal do Rio Grande do Sul, como repórter, aprender muito do que sei com Carlos Wagner e Marcelo Rech, entre tantos outros gigantes da profissão. Nunca me esquecerei do momento em que Wagner, sempre pronto a ajudar um foca (repórter iniciante), me chamava num canto: "Ô, Alemoa, olha aqui, não está faltando colocar a expressão 'erro médico' nessa tua matéria?". Estava. Tempos depois, me tornei editora do Wagner, e seguia discutindo com ele palavra a palavra dos textos. Certa vez, em uma matéria conjunta feita com ele sobre migrações, investimos uma manhã inteira para escrever,

---

* Diretora-executiva de Jornalismo e Esporte do Grupo RBS.

discutindo em altos brados, o lide (primeiro parágrafo) da reportagem. Para quem não é jornalista, explico: o lide é considerado uma peça muito importante num texto. Ele atrai ou não o leitor. Em uma reportagem, tem uma ciência (ou resumir a matéria respondendo "que, quem, quando, onde, como e por quê", ou, como faz o *The New York Times* muitas vezes, começar por uma história ilustrativa para embarcar o leitor no tema, há várias formas). Tempos depois, um professor universitário nos disse que aquele lide era usado como exemplo em sala de aula. Valeu a manhã de embate acalorado com Wagner. A reportagem foi premiada. Marcelo Rech, mesmo longe de uma redação, segue sendo guru de gerações de jornalistas e uma pessoa a quem recorro ainda hoje, na minha função atual de liderar a produção de conteúdo dos mais de quinhentos jornalistas da RBS e zelar pela linha editorial da empresa, como diretora-executiva de Jornalismo e Esporte. O trabalho de troca com colegas mais experientes é fundamental para forjar novos bons jornalistas, e *Zero Hora* sempre teve essa tradição.

Método e competência

Sou para lá de suspeita para dizer, mas não existe lugar melhor para se trabalhar do que uma redação num momento de adrenalina em que acontecem fatos importantes que mudam a história. É uma cachaça, como costumamos dizer entre jornalistas. Descobrir o que está acontecendo, ir ao local e assistir *in loco* aos fatos se desenrolando, ter a missão de informar com precisão e rapidez ao público, apurar informações, editá-las e distribuí-las ao mesmo tempo, tudo isso cria o ambiente viciante em que o jornalista quer estar. Impossível de entender para quem olha de fora. "Como é que dá certo uma operação em que dezenas, centenas de jornalistas fazem mil coisas ao mesmo tempo? Como é que cada um sabe o que fazer?", costumam perguntar pessoas de fora da redação. Simples: método, experiência e gente competente. Jornalismo bom é feito por gente experiente e competente. O público não entende os meandros de uma redação, como tudo acontece simultaneamente, e também não sabe como é produzida uma reportagem investigativa. Os bastidores, os segredos, os percalços. Como surge a pauta, como se investiga, como se chega até a publicação. Para isso, escrevemos este livro.

Todos os autores conviveram muitos anos nas redações do Grupo RBS e ensinaram uns aos outros o ofício, ou produziram reportagens juntos – a melhor maneira de aprender a complexa e inexata profissão de jornalista. E é esta prática, de troca de ideias numa redação pulsante e corajosa para a produção de uma matéria complexa, que se vê no filme em que o GDI se inspirou.

Vencedor de dois Oscars nas categorias Melhor Filme e Melhor Roteiro Original, *Spotlight: segredos revelados* se destacou como um fenômeno de bilheteria no mundo todo a partir do seu lançamento, em 2015, com arrecadação de dezenas de milhões de dólares. O filme mostra os bastidores de uma redação na apuração de uma reportagem vencedora do prêmio Pulitzer – o mais importante reconhecimento de trabalhos jornalísticos nos Estados Unidos – realizada em 2003 pelo *The Boston Globe*. O que mostrou a investigação do jornal? Casos de abusos de crianças por padres da Igreja Católica, acobertados pela instituição.

Lançado no Brasil em janeiro de 2016, o oscarizado *Spotlight* inspirou um projeto no Grupo RBS: o de colocar em outro patamar o jornalismo investigativo das redações de TV, rádio, jornal e digital da empresa. Por que não unir os repórteres mais experientes em investigação, dentre as centenas de jornalistas da empresa, formar um grupo reforçado e provocar um impacto ainda maior na sociedade?

Integração e compartilhamento

O jornal *Zero Hora*, sozinho, não poderia fazer isso. Nem a RBS TV, a Rádio Gaúcha, o jornal *Diário Gaúcho* ou o site GZH. Não havia um grande número de investigadores, isoladamente, em cada um desses veículos. Deveríamos, então, reunir um grupo com integrantes de todas as redações? A ideia era impensável à época. Havia uma concorrência acirrada entre os jornalistas de rádio, televisão, jornal e digital. Se um determinado profissional da TV estava investigando algo, não se ficava sabendo na rádio ou no jornal. Se a investigação surgia no jornal, nem pensar em compartilhar com a rádio, e assim por diante. Aliás, era inimaginável que essa integração pudesse ocorrer.

O novo grupo de investigação pretensiosamente se propunha a desfazer todos esses dogmas. A formação desta equipe defendia os seguintes princípios:

- Jornalistas deviam trabalhar unidos, e não em voo solo, numa investigação, integrando competências complementares;
- O trabalho poderia ser feito não só por mais de um jornalista, mas por profissionais de diferentes veículos

até então "concorrentes", ainda que pertencendo a um mesmo grupo econômico, a RBS;

- Um profissional poderia ter a confiança de contar sobre a sua pauta para colegas dentro do grupo de investigação;
- Um jornalista de jornal impresso consideraria divulgar, por exemplo, sua reportagem antes no rádio do que no jornal, se isso fizesse sentido para o público e para a melhor repercussão do conteúdo (nunca vou esquecer do dia em que isso ocorreu pela primeira vez: um profissional de jornal, visivelmente contrariado, aceitou distribuir primeiro no rádio sua reportagem contendo uma grave denúncia, e não no jornal, porque isso fazia mais sentido na jornada de informação do público. Era visível o sofrimento da pessoa, mas sabíamos que tínhamos de vencer as barreiras dos feudos e avançar, colocando o consumidor daquela informação como critério principal na distribuição do conteúdo).

Tudo isso era muito novo. Jornalistas investigativos têm, não sem razão devido ao risco de vazamentos e da inviabilização de seu trabalho, uma imagem de lobos solitários – dividir uma investigação, compartilhar informações ou permitir a divulgação em outra mídia de seu rico conteúdo nunca fez parte do repertório.

Mas *Spotlight* seguia uma inspiração para darmos um passo a mais, criando um grupo de repórteres dedicado, e até para irmos além em formato, reunindo diferentes mídias. No *The Boston Globe,* os integrantes eram somente do jornal, obviamente, e nós queríamos um grupo de jornal, rádio, televisão.

Não foi simples tomar esta decisão. Poucas redações do mundo investem em investigação, por ser uma atividade demorada e cara – e que, muitas vezes, mesmo após meses de tentativas, não resulta em nada. A maioria das redações não investe em investigação alguma, muito menos em um grupo "blindado" de jornalistas especializados nisso, ou seja, que em todo o tempo, ou na maior parte do tempo, se dedicam exclusivamente à atividade. Ao mesmo tempo, a relevância e a credibilidade que a investigação confere a marcas jornalísticas é imensurável, pelo poder de transformar na sociedade aquilo que está errado e de contribuir efetivamente para as comunidades resolverem seus problemas.

O primeiro time

Com essas ideias na cabeça e tocado pelo filme, um grupo de editores dos diferentes veículos se uniu para criar o Grupo de Investigação (GDI) da RBS, em 5 de dezembro de 2016. Batizado GDI pelo multipremiado repórter investigativo Giovani Grizotti, também autor de um capítulo deste livro, a iniciativa marcou o amadurecimento da relação da empresa com a investigação jornalística.

O primeiro time do GDI era formado por um editor e nove repórteres dos jornais *Zero Hora* e *Diário Gaúcho*, da Rádio Gaúcha, da RBS TV e do site GZH. Os profissionais foram escolhidos pelos líderes dessas redações por terem experiência em investigação, mas também porque dominavam diferentes habilidades técnicas de apuração. Um repórter conhecia melhor a técnica de trilha de documentos; o outro, o jornalismo baseado em amplas bases de dados; um terceiro, a câmera oculta; um quarto, a infiltração e as campanas; um quinto, a cobertura em áreas de conflito; um sexto, o manejo da Lei de Acesso à Informação; e assim por diante. Além disso, tentamos criar uma equipe que trabalhasse sobre diferentes temas, da política à área policial, da economia à gestão pública. Outro ponto importante é que contar uma história em televisão não é o mesmo que contar no rádio. Dominar as linguagens de cada veículo era fundamental no grupo.

O GDI instalou-se não em uma sala separada, como *Spotlight*, mas numa área em um canto da redação que à época integrava *Zero Hora*, *Diário Gaúcho* e GZH. A interação diária com os demais profissionais do ambiente de jornalistas proporcionou tanto uma atualização constante do grupo de investigadores nos temas da pauta diária quanto uma inspiração para todos os colaboradores, especialmente para os jovens repórteres. Temos, nas redações da RBS, a preocupação em formar constantemente os jornalistas. Fazemos isso de diferentes maneiras, mas uma delas, no âmbito do GDI, colocou repórteres iniciantes junto aos mais experientes, com o objetivo de formar novos profissionais investigativos.

Criado com objetivos muito claros, o GDI se propunha a:

- Aumentar o impacto das reportagens investigativas produzidas, por meio da divulgação simultânea em todas as mídias da RBS;
- Unir competências e habilidades investigativas de diferentes profissionais;

- Valorizar o jornalismo profissional e a atividade central da RBS;
- Trabalhar como representantes do público, revelando o que o poder tenta ocultar, denunciando corruptos e corruptores, malfeitos, crimes.

O processo de trabalho basicamente era:

- Estabelecimento de temas prioritários para o trabalho do mês e do ano, a partir das necessidades mais relevantes para a população;
- Organização das denúncias que chegam às redações;
- Planejamento integrado entre todas as redações dos temas que seriam investigados;
- Definição das investigações, estabelecendo um editor líder de cada projeto e os repórteres que se engajariam na apuração – respeitando a prioridade do editor e/ou repórter que sugeriram a pauta;
- Estabelecimento, desde o início, da distribuição do tema, caso a reportagem se concretizasse. Se a decisão era de que o assunto seria divulgado em televisão, rádio, jornal e digital, por exemplo, era preciso desde o início prever os formatos (vídeo, áudio, fotos, infografia etc.) para atender a cada uma das mídias.

Ao longo dos anos, o GDI foi se transformando. Com equipes maiores – chegou a ter onze integrantes – e menores, como nos anos de pandemia, em que as prioridades mudaram. Sete anos depois, podemos dizer que o GDI está consolidado, dentro da RBS e, principalmente, por sua contribuição à comunidade do Rio Grande do Sul. Um dos segredos para a continuidade do trabalho foi sempre trocar, a cada período de um ou dois anos, a coordenação, como uma maneira de qualificar líderes de redação, trazer ideias novas e sempre renovar o propósito do grupo. A cada renovação, chamávamos internamente a iniciativa de GDI 2.0, 3.0 e assim por diante. Repórteres entraram e saíram, a indústria da comunicação foi se alterando, com muitos novos desafios de sustentabilidade, captura da atenção do público, fragmentação das fontes de informação, *fake news* e tantos outros. Mas o GDI se manteve firme como um dos pilares do jornalismo profissional da RBS, se tornou uma marca importante no estado e, em centenas de reportagens, provocou mudanças importantes na sociedade gaúcha.

Este livro é um registro do esforço da empresa e de seus profissionais para oferecer ao público reportagens jornalísticas que efetivamente atendam seus interesses e contribuam para o fortalecimento da imprensa como sustentáculo da democracia.

A cultura da investigação

*Rodrigo Lopes**

Se o jornalismo costuma ser o primeiro rascunho da história, o jornalismo investigativo, por excelência uma especialidade do ofício, ajuda a reescrever a própria história. Em janeiro de 1993, depois de 44 dias de carro pelos grotões do Brasil, a repórter Eliane Brum voltou à redação de *Zero Hora*, em Porto Alegre, municiada de relatos que virariam do avesso um dos capítulos mais célebres do período político brasileiro conhecido como tenentismo: a Coluna Prestes, a famosa marcha liderada pelo gaúcho Luís Carlos Prestes entre 1924 e 1927. A jornada dos revoltosos pululava, por décadas, o inconsciente coletivo da nação como uma empreitada de honra e glória pela moralização da política, então dominada pelos coronéis da Velha República.

A versão oficial era conhecida. Eliane, filha de pai historiador e fascinada pelos relatos que ouvira desde a infância em Ijuí, município gaúcho distante 45 quilômetros de Santo Ângelo, de onde Prestes dera início à marcha, partiu em busca dos relatos de cidadãos anônimos: brasileiros e brasileiras, àquela altura já idosos, que haviam não apenas testemunhado o marchar de Prestes e seus homens, mas também se tornado

* Comunicador e repórter do Grupo RBS, coordenador do GDI em 2016.

protagonistas de uma história esquecida – ou rejeitada – pelos brasileiros.

Com o aval do jornal, Eliane embarcou em uma Paraty a álcool dirigida pelo motorista Jaime Tabajara Costa. Percorreu quinze estados brasileiros e chegou à Bolívia, no município de San Matías. Em parte do trajeto, foi acompanhada pelo fotógrafo Silvio Ávila. Ao longo de 25 mil quilômetros, por entre fazendas e vilarejos que desobedeciam aos mapas de época que tinha em mãos, a repórter percebia, a cada escuta, descortinar-se uma história diferente daquela que ouvira na infância. Era também muito mais sombria do que a que conhecera nos livros. Eliane descobria, a cada parada, que a verdadeira face da Coluna Prestes havia sido muito feia. Os até então heroicos revoltosos haviam, na verdade, protagonizado, segundo testemunhas do caminho, saques, estupros, incêndios e deixado rastros de devastação.

Publicada um ano depois em seis cadernos, a série de reportagens de *Zero Hora* desmentiu décadas de historiografia oficial e mexeu com os brios de muita gente. "Como assim, duvidar do que está escrito nos livros didáticos?" "Quem aquela jornalista recém-saída da faculdade pensava que era para questionar o 'grande Prestes', eternizado em prosa por Jorge Amado como o 'Cavaleiro da Esperança'?"

Após a publicação da série, convidada para rodas de debates e entrevistas, Eliane era confrontada por historiadores apegados ao oficialismo dos textos. A cada questionamento sobre a reportagem, com a voz serena que lhe é peculiar e confiante na apuração rigorosa que havia empreendido, a jornalista sugeria ao interlocutor: "Levante-se e vá fazer o que eu fiz. Porque eu fui lá e escutei".

Ninguém o fez. Cinco anos depois da publicação da reportagem, o Centro de Pesquisa e Documentação de História Contemporânea do Brasil (CPDOC), da Fundação Getúlio Vargas, no Rio de Janeiro, abriu os arquivos de Juarez Távora, um dos líderes da Coluna Prestes. A ampla coleção de correspondências confirmava as atrocidades contra as populações locais, as mesmas que Eliane havia antecipado aos brasileiros com exclusividade. Os livros seriam, finalmente, reescritos. "A gente vive no Brasil, no qual a memória oral das vítimas não foi suficiente. A memória oral das vítimas foi desqualificada", reflete, hoje, a multipremiada Eliane. "Quando se soube, então, do documento escrito pela elite, dos comandantes, aí, sim, não havia mais como refutar."

A técnica da escuta

Testemunhos de pessoas comuns, que, distantes das salas de reuniões em repartições públicas ou palácios, onde grandes decisões são tomadas, tornam-se matéria-prima para bons jornalistas como Eliane. São relatos *in natura*, que, uma vez transformados em reportagens e exibidos ao público, contribuem para que os cidadãos se olhem no espelho. A escuta, para Eliane, é por si só uma técnica de jornalismo investigativo.

Pessoas que protagonizaram ou foram afetadas pelos fatos são consideradas por nós, jornalistas, fontes primárias. Documentos também o são: costumam revelar a cronologia de uma história ou ratificar decisões importantes. Não fosse o faro de jornalistas investigativos, entretanto, registros particulares (anotações, diários, bilhetes), aparentemente sem importância, poderiam parar em gavetas ou baús – e serem esquecidos para sempre. São os repórteres que os trazem de volta à contemporaneidade e a eles dão sentido e contexto que ajudam a montar o quebra-cabeça de uma história.

Em 1º de novembro de 2012, um assassinato no bairro Chácara das Pedras, em Porto Alegre, tirou a vida do coronel reformado Julio Miguel Molinas Dias. Logo após o crime, veio a público que o militar havia chefiado o Destacamento de Operações de Informações – Centro de Operações de Defesa Interna (DOI-Codi), no Rio de Janeiro. Na casa do oficial, a Polícia Civil gaúcha arrecadou documentos com informações sobre a rotina de trabalho naquele que havia sido um dos principais órgãos de repressão da ditadura. Em meio à papelada, os jornalistas José Luis Costa, Humberto Trezzi, Marcelo Perrone e Nilson Mariano, de *Zero Hora*, encontraram um tesouro: um ofício amarelado, datilografado, que descrevia a entrada do ex-deputado federal Rubens Paiva no DOI-Codi da capital fluminense, de onde nunca sairia vivo. Outro documento, uma ordem de missão nº 115, com caráter urgente, desvendava a farsa do Riocentro. Os papéis tornariam-se as peças que faltavam para comprovar dois casos rumorosos – e até então pouco esclarecidos – do regime militar brasileiro: o desaparecimento de Rubens Paiva sob a custódia do Estado e o envolvimento do Exército no atentado frustrado perpetrado por setores do Exército e da Polícia Militar do Rio em 30 de abril de 1981. Os achados da reportagem, Prêmio Esso Nacional (a principal distinção do mais célebre prêmio de jornalismo que o Brasil já teve), em 2013, ajudaram o Brasil a refletir sobre si mesmo e acabaram por ser anexados ao relatório final da Comissão Nacional da Verdade (CNV) sobre os crimes daquele período.

A informação no lixo

Na pré-história do jornalismo investigativo, repórteres lançavam mão da criatividade e de técnicas que se assemelham às adotadas por policiais. Carlos Wagner, veterano ex-repórter de *Zero Hora*, costumava perscrutar sacos de lixo nas calçadas em frente às residências de suspeitos. Um bilhete aqui e uma caderneta acolá costumavam conduzir Wagner pela trilha que, muitas vezes, o levava a descobrir esquemas criminosos que acossavam a população. Foi assim, por exemplo, que desvendou o império do jogo do bicho em Porto Alegre, em 1993, entre tantas outras reportagens premiadas.

Técnicas como essas não costumam ser ensinadas nas faculdades de Jornalismo: são talhadas no dia a dia da rua, em exaustivas campanas em frente a desmanches de carros ou em infiltrações, por exemplo, no submundo dos cabarés à beira de estradas para denunciar redes de prostituição infantil.

Em meados de 1991, Wagner e Mariano chamaram o repórter fotográfico Ronaldo Bernardi para uma conversa na redação de *Zero Hora*. Entre uma e outra sorvida no chimarrão, contaram que havia três meses estavam seguindo o rastro de uma organização de aliciadores de menores comandada por um policial aposentado. Baseados em Porto Alegre, o policial e os seus cúmplices traziam do interior para a capital crianças e adolescentes atraídas por falsas promessas de trabalho, casa, comida e escola. As jovens eram mantidas em cárcere privado, sob vigilância de homens armados que as obrigavam a fazer até quinze programas por dia. Os repórteres consideravam a apuração quase completa. Mas, para conquistar a capa do jornal, faltava a foto, prova irrefutável do crime.

Bernardi, um dos mais corajosos profissionais da imagem do Brasil, assumiu a missão. Ele e Wagner viajaram até Passo Fundo, no norte do estado. Em uma boate, os dois se fizeram passar por aliciadores negociando meninas com donos de cabaré e agenciadores. Bernardi carregava uma máquina fotográfica pequena. Certa noite, enquanto bebida e cigarro rolavam soltos em meio a clientes de alto poder aquisitivo, um dos gerentes do estabelecimento explicou: "Prestem atenção: eu não vendo meninas, não as comercio. As meninas entram aqui e eu compro vestuário para elas. O camarada vem aqui, paga a dívida delas e as leva". Coberto por correntes de ouro no pescoço, o criminoso seguiu com a explanação, que embrulhava o estômago dos experientes repórteres: "Tem essa morena aqui, olha só", afirmava, apontando para uma das jovens. "Olha aquela ali, que linda", dizia, enquanto alisava outra.

Bernardi observou uma menina franzina, diferente das demais. "E aquela lá?", questionou o fotógrafo infiltrado. "Ahhhhhhhh…", disse o criminoso, com um longo suspiro, seguido de um sorriso. "Aquela ali tem uma dívida muito alta na casa", continuou. "Tenho orgulho de ter sido o primeiro homem dela. Tem oito anos".

Bernardi cerrou o punho direito. Mas, antes que o soco pusesse a perder todo o trabalho jornalístico, sentiu a mão do colega lhe apertar o braço. "Segura", pediu Wagner. "Em nome da matéria."

Não era só em nome da matéria. Não seria aquele o papel do jornalista, embora, como seres humanos, por vezes sejamos tomados por indignação e raiva. Ainda assim, não somos heróis ou policiais. Ele sabia que, em vez de tentar fazer justiça com as próprias mãos em uma ação mal calculada, provocaria mais mudanças na sociedade a partir de suas fotografias.

É missão dos jornalistas investigativos lançar luzes sobre os problemas para que os cidadãos, de posse das informações, tomem, eles próprios, decisões e efetuem mudanças em suas comunidades. Àquela altura, os repórteres tinham centenas de depoimentos que comprovavam a ação dos bandidos. Bernardi, com sua câmera, garantira flagrantes dos crimes. Naquela e em outras madrugadas em boates dos três estados do sul do Brasil, os jornalistas comprovaram a facilidade com que criminosos negociavam as meninas. A foto de capa de *Zero Hora* e as imagens internas da edição de 18 de dezembro de 1991 exibiam evidências de um esquema sujo e cruel que envergonhou o Rio Grande.

Dois anos e quatro meses depois da publicação, Buda, o chefe da gangue sórdida das meninas prostitutas, foi preso na Comissão Parlamentar de Inquérito (CPI) da Prostituição Infantil, em Brasília. Ele morreu no Presídio Central em 1998, de infarto, enquanto cumpria a pena.

A verdade retratada

Imagens são cada vez mais relevantes para a comprovação de crimes. Bernardi já experimentara o poder de sua lente quase onze anos antes. Em 14 de maio de 1987, saíra para uma pauta aparentemente comum: um assalto a um supermercado na capital gaúcha. No meio do episódio, o barulho de populares chamou sua atenção: um homem negro era detido por policiais militares. "Pega! Pega! É esse aí!", gritavam.

O suspeito fora empurrado para dentro de um fusca da Brigada Militar, a socos e pontapés. Do local do assalto, Bernardi e o repórter Darci Demétrio rumaram para o Hospital de Pronto Socorro (HPS), para onde acreditavam que o homem, bastante machucado, havia sido levado. Lá, encontraram sobre uma maca o corpo do rapaz perfurado por três tiros. Havia sido executado no caminho.

A dupla de profissionais não sabia, mas, naquela noite, Júlio César de Melo Pinto, trinta anos, operário, deixara sua casa sem levar a carteira de identidade. Queria apenas conferir a confusão em torno do supermercado. Tivera um ataque epilético, enquanto era confundido com os ladrões. Para a família, ele morrera por ser negro. No julgamento na Justiça Militar do estado que condenaria os seis policiais militares pela morte de Júlio César, o magistrado, a certa altura, afirmou: "Não preciso ver mais nada depois dessas fotos (*de Bernardi*)". Júlio César era o homem errado.

Um dos nomes mais conhecidos (e, ironicamente, de rosto desconhecido) do jornalismo brasileiro, Giovani Grizotti também tem na imagem uma forte aliada em suas reportagens investigativas. A câmera escondida do repórter da RBS TV já denunciou centenas de práticas ilícitas e colocou criminosos na cadeia desde os anos 1990.

O repórter referência

A frase "E se o Grizotti descobrir?" é quase um bordão. Pode-se dizer que há até, entre alguns larápios de diferentes estaturas e matizes, um certo receio de ser flagrado pelo repórter. Sim, porque, além de serem "cães de guarda" da sociedade (*watchdog*, na expressão do jornalismo americano que designa os jornalistas investigativos), repórteres dessa estirpe também atuam como "espantalhos" em meio a lavouras. Sua presença costuma afugentar aves prontas a atacar plantações – ou, na metáfora jornalística, ludibriar cidadãos.

Delitos que, à boca pequena, todos sabem que ocorrem são a especialidade de Grizotti. Ele já flagrou a venda de carteiras de habilitação, comprovou ser possível grampo no telefone de um secretário de Segurança Pública, obteve o certificado de "melhor prefeito do Brasil" para um jumento, elucidou a farra de vereadores que gazeavam aulas de aperfeiçoamento pagas com dinheiro público, e exibiu, para o Brasil ver, a máfia de próteses médicas. Em uma das inúmeras reportagens exibidas no programa *Fantástico*, da Rede Globo, conseguiu comprovar a facilidade de se comprar um laudo do Departamento Autônomo de Estradas de Rodagem (Daer), autorizando a circulação de uma carcaça de ônibus escolar sem mínimas condições de segurança. Em rede nacional, levou o esqueleto do ônibus, cuja circulação fora autorizada por burocratas de plantão, até a sede do órgão. Diante das autoridades, questionou os responsáveis sobre se aquele monte de ferro velho teria condições de transportar crianças para a escola.

Com seu trabalho, Grizotti criou uma identidade: "o repórter que mostra o que o povo está falando", da venda sem receitas de medicamentos restritos em farmácias ao escândalo de médicos que deixam pacientes sem atendimento de emergência, o Samu.

Repórter multimídia, Grizotti expande sua atuação para diferentes plataformas por meio de reportagens na RBS TV, Rádio Gaúcha, *Zero Hora* e GZH, além da Rede Globo. A integração dos veículos de comunicação do Grupo RBS propicia não apenas que as informações cheguem a diferentes públicos, como também contribui para a troca de experiências entre os profissionais, tradição que permite o aprimoramento de diferentes técnicas jornalísticas.

Um banco de ideias

"Filho da Rua", uma das reportagens mais premiadas da história da RBS, de autoria de Letícia Duarte, é fruto da valorização da reportagem e de processos de produção incentivados nas redações do Grupo. A cada final de ano, editores recolhem, entre repórteres, ideias de pautas a serem produzidas no ano seguinte. Cada jornalista sugere "suas matérias dos sonhos" – desde coberturas internacionais, que demandam altos investimentos financeiros, até aquelas que lançam um olhar diferenciado sobre um assunto aparentemente comezinho. O resultado é um rico banco de ideias que, uma vez chanceladas pelos editores, são colocadas em prática a partir de um cronograma.

Em meio a esse processo, Letícia sugeriu uma reportagem sobre um tema que a incomodava. Como repórter, observava, envergonhada, meninos e meninas pedindo esmola nos semáforos de Porto Alegre. "Como nasce uma criança de rua?", questionava-se. "Em que momento o laço entre alguém e sua família se perde?" Aprovada a pauta, a repórter recebeu prazo de um mês para produzi-la. Ela encontrou Felipe (nome fictício utilizado na reportagem), um menino de rua de onze anos que perambulava havia nove pelas esquinas sem que ninguém conseguisse detê-lo. Letícia passou a acompanhar seu dia a dia. Ao final de trinta dias, a repórter escreveu um texto que ocuparia cinco páginas do jornal. Com a reportagem na leitura final, prestes a ir para a rotativa de *Zero Hora*, o então diretor de redação, Ricardo Stefanelli, chamou-a a sua sala. Estava espantado com a crueza da história de Felipe relatada no preciso texto de Letícia. Visualizou ali a oportunidade de um trabalho maior: desafiou Letícia a seguir acompanhando a vida do garoto. Sem prazo para terminar. Ao final, imaginava, escreveria a história definitiva sobre essa praga social que aflige as metrópoles: uma mistura de omissão, pobreza, desestrutura familiar e falta de horizontes como berçário para o nascimento de um menino de rua.

O prazo estendido poderia soar como sonho de muitos repórteres, mas, para Letícia, era um fardo. Ela precisava trabalhar em outras pautas do dia a dia do jornal e só de tempos em tempos voltaria a visitar a família de Felipe. Ao longo de um ano, também mudaram os editores, o que aumentava a angústia da repórter para seguir no tema. Será que a apoiariam?

Por vezes, Felipe desaparecia. As dúvidas sobre os rumos da matéria e a incerteza sobre o futuro da apuração representavam, para Letícia, também as idas e vindas do jovem e a fragilidade de seus elos familiares. Se o drama de meninos e meninas de rua não tinha desfecho – ou o final, invariavelmente, era a cadeia ou a morte –, Letícia colocaria, em sua própria jornada, um ponto final. A história de Felipe não teria fim definido, não havia um ponto de corte, mas precisava ser contada.

Com apoio da diretora de redação, Marta Gleich, e do editor-chefe, Nilson Vargas, que haviam assumido a redação, Letícia, após três anos de apuração, decidiu escrever a reportagem intitulada "Filho da Rua". Com fotos de Jefferson Botega, o trabalho lançou luzes sobre milhares de Felipes, Joãos, Franciscos, Marias e Amélias, que perambulam sem nome ou rosto pelas esquinas de Porto Alegre. O texto ocupou dezesseis páginas de *Zero Hora* capazes de serem lidas de um só fôlego. "'Filho da Rua' é produto dessa cultura de reportagem da RBS", diz a jornalista, que hoje mora em Nova York.

Letícia, Wagner, Trezzi e outros repórteres frequentavam um espaço geográfico na redação de *Zero Hora* conhecido como "fundão da Geral". Ficava à direita de quem entrava no grande salão, no terceiro andar da Avenida Ipiranga com Erico Verissimo, onde se localiza a sede do jornal. Qualquer estudante de Jornalismo que visitasse o espaço ou um repórter em seu primeiro dia de trabalho era informado de que ali sentavam-se exemplares de uma categoria diferenciada.

"Ali editor tinha medo de pisar", diz Wagner, com o tom provocativo de quem, em 44 anos de carreira, vangloria-se de ter sido sempre repórter.

A brincadeira é inspirada nos "causos" que o experiente jornalista, hoje aposentado de *Zero Hora*, ajudou a erigir: se no meio do expediente algum chefe decidisse adentrar o "Fundão da Geral", aquele reduto sagrado da reportagem, sairia, invariavelmente, com uma sugestão para investigar um grande tema, o que demandaria meses fora da pauta cotidiana e, por vezes, atrairia pressões sobre a direção do jornal.

Todos ali eram jornalistas da antiga Geral, a editoria responsável por cobrir temas como trânsito, cidades e polícia. O "fundão", pelo qual transitaram nomes como Solano Nascimento, Marta Gleich, Marcelo Rech, Carlos Etchichury, Adriana Irion, e que atraía profissionais de outros veículos da empresa, como Cid Martins e Fábio Almeida, entre outros repórteres puro-sangue, era mais do que um espaço físico. Tornou-se uma incubadora de grandes reportagens e investigações, uma tradição que hoje está espalhada por todas as editorias e redações do Grupo RBS.

Essa mistura de inquietação pessoal e indignação diante das injustiças, de obstinação pela busca da palavra exata e a profundidade que transforma o efêmero em perene, da combinação de estilos e gerações, que supera as linguagens de cada veículo e se complementa em narrativas multiplataformas, compõe o caldo jornalístico cultivado na RBS e que, em 2016, deu origem ao Grupo de Investigação (GDI). Dessa cultura brotam furos jornalísticos e denúncias fundamentadas em fatos e dados, daquelas que fazem tremer os poderosos, levam corruptos à condenação pela Justiça, constrangem governos e os obrigam a rever políticas e..., não raro, reescrevem a história.

O período de gestação

*Carlos Etchichury**

Lançado em dezembro de 2016, o GDI bebeu, e segue bebendo, na fonte da premiada tradição de reportagens de *Zero Hora*, da RBS TV, da Rádio Gaúcha e do *Diário Gaúcho*. É uma espécie de evolução natural do fazer jornalístico do Grupo RBS.

Neste capítulo, conto os bastidores do primeiro ano do GDI, período em que fui coordenador do Grupo e que considero chave para a sua consolidação. Começo pelo perfil do time. Avanço pelas rotinas de reuniões, escolhas das pautas, a discussão dos critérios para que a apuração recebesse o selo "GDI". A produtividade, outro tema caro às redações contemporâneas, também é abordada. Quais as métricas de uma equipe que atua em outra rotação, na contramão do jornalismo focado em quantidade de notícias, na audiência e no engajamento do público? Exponho, ainda, os nossos processos de edição e distribuição do conteúdo, que exigem maturidade de editores e incansável negociação entre gestores. Narro a estratégia de divulgação do GDI, que envolve prestação de contas semestrais, palestras em faculdades e presença no mais prestigiado congresso sobre jornalismo investigativo do Brasil.

---

* Jornalista e coordenador do GDI entre 2016 e 2018.

O primeiro time

A formação inicial do GDI reuniu profissionais com perfis complementares e em diferentes momentos na carreira. Comecemos pelos mais experientes. Humberto Trezzi, José Luís Costa e Adriana Irion, todos com mais de duas décadas de atuação, contabilizam em seus currículos seis Prêmios Esso de Jornalismo (distinção que deixou de existir, mas ainda usada como sinônimo de excelência). Em 2016, Trezzi, José Luís e Adriana, que somavam quase uma centena de premiações, eram as principais referências de *Zero Hora*. Na mesma prateleira representativa, Giovani Grizotti, responsável por reportagens de alto impacto levadas ao ar pelo *Fantástico*, e Jonas Campos, dois profissionais da RBS TV, além de Cid Martins, da Rádio Gaúcha, o mais premiado repórter de rádio do estado.

Mais jovens e com menos experiência profissional, mas com igual talento, Fábio Almeida, da RBS TV, que, na época, ao lado de Grizotti, produzia reportagens exclusivas para o *Fantástico*, e Carlos Rollsing, com passagem pela editoria de Política e expoente da nova geração de grandes repórteres de *Zero Hora*, compunham outro perfil. Por fim, quase uma "foca" (como são chamados jovens em início de carreira), Jeniffer Gularte, da editoria de Geral do *Diário Gaúcho*, que viria a participar, mais adiante, de várias grandes reportagens. Pelo perfil incansável, Jeniffer se tornaria uma espécie de força complementar em vários trabalhos que exigiam apurações exaustivas.

Na redação integrada que reúne *Zero Hora*, Rádio Gaúcha, GZH e *Diário Gaúcho*, Adriana Irion, Humberto Trezzi, Carlos Rollsing, José Luís Costa e Jeniffer Gularte ocupavam uma ilha nos fundos da grande sala capaz de acomodar duas centenas de jornalistas. O processo de produção das pautas se iniciava com a articulação do que chamávamos (ou chamamos) de "blindagem" dos repórteres. Significava (ou significa) manter, sempre que possível, os repórteres exclusivamente em apurações para o GDI. À exceção de Jeniffer, que estava sob minha gestão direta no *Diário Gaúcho*, os demais respondiam a gestores dos outros veículos.

Poderiam, mediante demanda, reforçar coberturas do dia a dia, mas eram eles que garantiam a alta produtividade do GDI, como veremos adiante.

Em reuniões quinzenais, discutíamos pautas e avaliávamos o andamento dos trabalhos. Trabalhávamos em níveis diferentes: assuntos de baixa complexidade, que poderiam ser publicados a cada duas ou três semanas, e pautas com média e alta complexidade, normalmente feitas por mais de um profissional, e com forte impacto social.

Nesses encontros, também decidíamos o investimento feito em cada apuração e, em uma etapa final, como seria a veiculação da reportagem – o que nem sempre era tranquilo em função da cultura competitiva que, durante décadas, caracterizou as nossas redações.

Havia um longo caminho pela frente para se criar novas bases de colaboração e integração. Não seria de um dia para o outro, portanto, que pautas e projetos pessoais passariam a ser não apenas compartilhados, mas vivenciados como algo coletivo. Mexíamos com uma cultura profundamente enraizada. Convencer repórteres a partilhar dados exclusivos e fontes quase inalcançáveis e aparar rivalidades entre redações era uma tarefa que exigia resiliência e diplomacia.

Os muros foram derrubados também verticalmente, a partir das gestões. Nilson Vargas, Daniel Scola e Ellen Appel, ex-editores-chefes de *Zero Hora*, Rádio Gaúcha e RBS TV, respectivamente, eram parceiros na arte de saltar obstáculos.

A superação das rivalidades levava em consideração hipóteses improváveis, que começaram a ser testadas um pouco antes da oficialização do GDI. Duas reportagens, neste sentido, são exemplares. Talvez sejam marcos da chave que começaria a ser virada em nossas redações. Embora em pré-formação do Grupo de Investigação, a série "Dinheiro pelo Bueiro", de Adriana Irion, e "Universidades S/A", pensada e executada por um consórcio de jornais formado por *Diário Catarinense*, *Gazeta do Povo*, *O Estado de S. Paulo*, *O Globo* e *Zero Hora*, publicada em abril de 2015, são divisores de águas no quesito distribuição de conteúdo e cultura colaborativa entre repórteres e veículos.

"Dinheiro pelo Bueiro" mostrou que empresas cobravam pelo serviço de limpeza de bueiros que não existiam. Adriana cruzou dados públicos, monitorou o trabalho de rua e constatou absurdos resultantes da má-fé de empresários e da incompetência de gestores do Departamento de Esgotos Pluviais. Na Rua Parque São Jorge, bairro São Geraldo, em Porto Alegre, que soma 42 bueiros e poços de visitas, a prefeitura pagou pelos serviços de 471 bueiros e poços de visitas. E aquele era apenas um exemplo de vários identificados pela repórter especial. Um escândalo!

Diante da contundência da informação, os gestores tomaram uma decisão incomum e que, como mencionado anteriormente, ilustraria para os nossos profissionais e para leitores e ouvintes a forma como passaríamos a entregar conteúdo *premium*. Qual foi a mudança? Produzido por alguém forjado em *Zero Hora*, com mais de vinte anos de redação, a reportagem foi ao ar, primeiro, no Gaúcha Atualidade, da Rádio Gaúcha, às 8h10min do dia 11 de julho de 2016, uma segunda-feira, no momento em que também era publicada no site de *Zero Hora* – GZH não havia sido lançado à época.

O tema só seria manchete de *Zero Hora* no dia seguinte, 12 de julho, publicado já com as repercussões. Para os padrões das nossas redações, não foi apenas uma mudança. Era uma revolução. A decisão de priorizar o *on air* e o digital para um conteúdo feito por uma repórter de origem no impresso sinalizou um paradigma em construção: com novas premissas, foco na jornada de consumo do público e na complementaridade dos veículos. Esses passos serviram de referência para o que viria a ser feito com o conteúdo do GDI. Antes de apenas publicar algo, passamos a avaliar com mais critério e sob novos parâmetros o que fazia mais sentido e como poderíamos impulsionar e ampliar mutuamente o impacto das denúncias.

Um ano antes, "Universidades S/A" também já havia inoculado na redação a cultura da colaboração. Repórteres dos cinco veículos de diferentes estados compartilharam pautas, fontes e textos, investigaram contratos obscuros e irregularidades envolvendo universidades públicas no país. A reportagem conjunta mostrou como relações entre instituições públicas de ensino e agentes privados, necessárias para sociedade, abriram portas para ilegalidades e conflitos éticos. "Universidades S/A" motivou a abertura do inquérito policial que resultou na "Operação PhD", da Polícia Federal, em dezembro de 2016.

A pauta

Além de começar a criar uma cultura mais colaborativa e baseada na complementaridade dos veículos, o primeiro ciclo do GDI foi marcado pela escolha de pautas com impacto social. Nas reuniões periódicas para discutir as principais apostas, havia, invariavelmente, um ponto de partida: para merecerem a chancela do grupo, as reportagens deveriam conter investigação própria, independente dos órgãos oficiais.

Inquéritos policiais, denúncias do Ministério Público, documentos do Ministério Público de Contas, auditorias, entre outros, são, no máximo, o ponto de partida do GDI. Jamais o ponto de chegada. Nas nossas reportagens, buscávamos nos afastar da simples reprodução de relatórios oficiais – tema abordado pelo jornalista e pesquisador Solano Nascimento em sua tese de doutorado, publicada no livro *Os novos escribas – o fenômeno do jornalismo sobre investigação no Brasil*. Embora reconheça que, por vezes, a reprodução de documentos públicos constitui revelações que, pelo impacto, dispensam apurações complementares exaustivas, o que se queria com o GDI era o oposto disso: provocar a ação das autoridades. Caracterizar o jornalismo sobre investigação – que tem, sim, a sua importância – como jornalismo investigativo costumava ser uma armadilha que buscávamos evitar.

A primeira reportagem, gestada no segundo semestre de 2016, nasceu assim. O repórter Carlos Rollsing, com fontes espalhadas pelo estado, descobriu que a Centrais de Abastecimento do Rio Grande do Sul (Ceasa), maior entreposto de hortifrutigranjeiros do estado, com trezentos permissionários que abastecem 45% dos hortifrútis do Rio Grande do Sul, e o

Ministério Público firmaram, em 2012, um Termo de Ajustamento de Conduta (TAC) para testar a qualidade de até vinte produtos por mês. As análises que examinariam, entre outras coisas, o tipo e a quantidade de agrotóxicos usados para combater pragas deveriam ser realizadas pelo Laboratório Central do Rio Grande do Sul (Lacen). Em 2013, dos 240 testes previstos no TAC, apenas 143 foram realizados, sendo 54 considerados comprometidos. Todos os pêssegos e os pimentões analisados, por exemplo – todos, sem exceção, estavam inadequados para o consumo. Nos moranguinhos, foi encontrada Metamidofós – cujo princípio ativo é proibido no Brasil em razão da alta toxicidade. De acordo com o TAC, o vendedor deveria ter sido proibido de trabalhar com a fruta por um ano, o que não aconteceu. Nos anos seguintes, os testes seguiram em baixo número: vinte em 2014, 37 no ano seguinte e apenas 78 dos 240 recomendados em 2016.

A existência do TAC, que era desconhecida, o não cumprimento do termo e a não punição de quem oferecia produtos impróprios, por si só, representavam um escândalo. Mas o GDI foi além: contratamos serviços do Laboratório de Análises de Resíduos de Pesticidas (Larp) da Universidade Federal de Minas Gerais e solicitamos que fossem estudadas vinte frutas e verduras: cenouras, pepinos, pimentões, alfaces, morangos.

Não bastava revelar algo que, embora grave, remetia ao passado. Queríamos mostrar a qualidade das frutas e verduras consumidas naquele momento. O resultado: nove dos vinte produtos, 45% da amostra, estavam impróprios. A pesquisa detectou a presença de agrotóxicos inadequados para determinados cultivos, empregados acima do limite permitido pela legislação do país e até venenos proibidos no Brasil. As amostras comprometidas eram mais do que o dobro da estimativa da Anvisa para o país, que, na época, indicava que 19,7% dos alimentos comercializados continham agrotóxicos em situação irregular.

Como complemento, revelamos a facilidade com que venenos banidos no país são contrabandeados do Paraguai e do Uruguai, mostramos os riscos à saúde, as alternativas ecológicas na contenção de pragas e a impunidade de permissionários que vendem hortifrútis comprometidos.

Assinada pelos repórteres Carlos Rollsing, Fábio Almeida, Humberto Trezzi, Jeniffer Gularte e José Luís Costa, a série que marcou o lançamento do GDI foi publicada em GZH, *Zero Hora* e *Diário Gaúcho* na segunda-feira, 5 de dezembro de 2016, levada ao ar no Gaúcha Atualidade, a partir das 8h, na Rádio Gaúcha, e no *Jornal do Almoço*, da RBS TV, descortinou um cenário de risco à segurança alimentar e motivou o Ministério Público e a Polícia Civil a investigarem o abuso de agroquímicos em alimentos oferecidos na Ceasa.

Fraudes na educação, com impacto inclusive na vida de pessoas, também mereceram atenção no primeiro ciclo do Grupo. Em março de 2017, apenas três meses após o lançamento, o repórter especial José Luís Costa contou a história de um advogado fundador e CEO de uma instituição de ensino. Aos 34 anos, o empreendedor havia sido demitido da função de analista em previdência em saúde no Instituto de Previdência do Estado (IPE) por usar documentos falsos em concurso público. Para ingressar como servidor público do estado, ele utilizara seis documentos falsos, entre eles um diploma de doutorado em Direito na Argentina, supostamente revalidado pela Universidade Estadual do Rio de Janeiro. As falsificações grosseiras foram identificadas quatro meses após o homem tomar posse. José Luís descobriu que a prática de forjar documentos, usada na vida privada, fora levada para dentro da faculdade criada pelo advogado. De acordo com a apuração, a instituição adquiriu, em 2015, uma outra instituição de ensino superior, no Paraná, fechada desde 2011. Enquanto processos burocráticos de credenciamento junto ao MEC tramitavam, o advogado emitia diplomas falsos e concedia títulos de doutor *honoris causa* a personalidades.

A história do homem da faculdade de papel teve repercussões. Um mês depois, o MEC abriu processo para descredenciamento da instituição, impedindo novas matrículas. E o advogado passaria a ser um dos vinte réus em uma Ação Penal que tramitava, sob segredo de Justiça, na 1ª Vara Estadual de Processo e Julgamento dos Crimes de Organização Criminosa e Lavagem de Dinheiro.

A apuração teria desdobramentos internacionais. Em Medellín, na Colômbia, um médico apresentava-se como cirurgião plástico com especialização no Brasil, país conhecido pela excelência de seus profissionais. O diploma que ele apresentava para pacientes interessados em intervenções estéticas em Medellín fora emitido pela instituição cujas irregularidades o GDI revelara. O certificado informava que o médico teria participado de 8.160 horas/aula, o equivalente a dez horas de estudos diários em cinco dias por semana, entre agosto de 2012 e julho de 2015. De acordo com o histórico escolar, ele teve 100% de presença nas aulas em dezesseis disciplinas, todas presenciais. A reportagem descobriu que o médico entrou oficialmente pela primeira vez no Brasil somente em 7 de junho de 2014, no voo 0873 da Copa Airlines, pelo aeroporto do Galeão, no Rio de Janeiro, dois anos depois do suposto curso de especialização ser iniciado. O médico colombiano havia recebido nota dez pelo trabalho de conclusão (TCC) com o tema Estudo de Técnica Cirúrgica Versus Complicações em Pacientes de Mamoplastia Redutora. Um detalhe adicional inquietou jornalistas: o TCC teve como orientador o advogado e CEO da instituição de ensino.

Diante de tantos indícios de que se tratava da compra de um diploma (e não da realização de uma especialização), os olhos do GDI voltaram-se a Medellín. A investigação foi reforçada pelo repórter especial Rodrigo Lopes. Especialista em coberturas internacionais, Lopes contatou autoridades colombianas e, com José Luís, descobriram que o médico era suspeito de provocar lesões graves em doze pessoas. Uma das pacientes era uma massoterapeuta de 35 anos, vítima de embolia e insuficiência respiratória. Ela morreu horas após implantar silicone nos seios e submeter-se a abdominoplastia. O caso era investigado pelo Ministério Público colombiano. Rodrigo Lopes foi a Medellín, entrevistou mulheres mutiladas, falou com familiares da jovem morta, ouviu autoridades locais e descobriu que 44 médicos eram investigados por supostamente obterem certificados de instituições da Argentina, do Peru e do Brasil. A reportagem assinada por Lopes e José Luís, publicada em seis páginas do caderno *DOC*, ocupou a área especial de capa de *Zero Hora*.

No campo da saúde/estelionato, uma terceira grande reportagem encerraria o primeiro ano do GDI. José Luís e o também repórter especial Jonas Campos descobriram um golpe envolvendo fosfoetanolamina, conhecida como "pílula do câncer". Desenvolvida no início dos anos 1990, na USP de São Carlos, pílulas sintéticas vinham sendo distribuídas para pacientes com câncer em função da suposta eficácia nos tratamentos. Estimulariam o sistema imunológico a se defender das células cancerígenas. A pílula foi proibida pela Anvisa em 2015. Mesmo assim, em março de 2016, o Senado aprovou o uso da medicação. A ex-presidente Dilma Rousseff sancionou a lei três dias antes de sofrer impeachment. A pedido da Associação Médica Brasileira (AMB), o Supremo Tribunal Federal (STF) suspendeu a lei que autorizava o uso da pílula no tratamento do câncer "por falta de evidências científicas".

Se era vetada para o tratamento do câncer, não havia restrições para que ela fosse vendida como suplemento alimentar. Era o que a empresa identificada pelo GDI fazia. Criada por três empresários (entre eles, um gaúcho), a empresa, com sede em Miami, vendia online produtos para o Brasil. Jonas Campos e José Luís obtiveram a informação de que no suplemento alimentar comercializado não havia fosfoetanolamina. Consumidores estavam comprando suplementos com placebo.

Diante do indício, compramos o suplemento. No rótulo do frasco, constava que cada uma das noventa cápsulas deveria conter 322mg de fosfoetanolamina. Com o produto em mãos, enviamos um lote para análise em um conceituado laboratório de química de uma universidade de São Paulo. Os testes foram realizados de 20 a 29 de novembro. No resultado da amostra, enviado por e-mail para os repórteres no dia 12 de dezembro, constava o seguinte: "completa ausência de fosfoetanolamina" no lote analisado.

A composição estava dividida da seguinte forma:

Monoetanolamina agregada a fosfato (4%) – Substância usada em reação química para obter fosfoetanolamina quando misturada a ácido fosfórico. É considerada impureza tóxica, mas incapaz de causar danos à saúde pela baixa concentração.

Excipientes (57%) – Usados para preenchimentos das cápsulas, clareamento do pó e para facilitar a abertura do comprimido dentro do estômago.

Fosfatos de cálcio, magnésio e zinco (39%).

No dia 4 de janeiro de 2018, o GDI revelou, com exclusividade, a nova fraude envolvendo fosfoetanolamina. Além de não ter comprovação científica no combate ao câncer, o que já se sabia, suplementos alimentares de fosfoetanolamina sequer fosfoetanolamina continham.

Após a publicação da reportagem, o Departamento Estadual de Investigações do Narcotráfico (Denarc) e o Departamento Estadual de Investigações desencadearam a Operação Placebo, com buscas e apreensões em dezoito locais em Porto Alegre, Alvorada e Viamão. Um dos sócios teve 27 veículos apreendidos. No porta-malas de um dos carros, havia 130 frascos do suplemento, parte do mesmo lote nas cápsulas analisadas a pedido GDI.

Da apuração à publicação

Antes de uma reportagem ser veiculada pela Rádio Gaúcha, pela RBS TV ou publicada em *Zero Hora*, *Diário Gaúcho* ou GZH, há um longo caminho envolvendo a definição da pauta, a apuração dos fatos e a checagem das informações. Cada veículo, de acordo com sua natureza, tem regras e métodos próprios para veicular os conteúdos. Nada é entregue ao público sem que se tenha a certeza de que as informações são verdadeiras e precisas. Esta, aliás, é uma das características do jornalismo profissional.

Com as reportagens do GDI, o cuidado é ainda maior. O jornalismo investigativo revela o que o submundo tenta esconder. Como definiu Walter Robinson, ex-coordenador do *Spotlight*, do *The Boston Globe*, em entrevista a *Zero Hora*, repórteres investigativos são farejadores do lado torto da vida, como "gambás nos jardins", estraga-prazeres por natureza. Para que esta inconveniência fundamental às democracias, uma característica dos bons repórteres, não se volte contra os profissionais e a organização, somos incansáveis nos processos internos. Definida a pauta, toda a apuração é acompanhada pela coordenação. Em conversas específicas e reuniões gerais são feitas atualizações: avanços na apuração, dificuldades em determinadas áreas, necessidade de reforço de mais colegas, exigências de viagens e de contratação de serviços extras são temas frequentes. Um dos pontos de atenção é a captação de imagens, vídeos e áudios que possam ser utilizados em todas as plataformas.

À medida que o assunto avança com o repórter e a apuração vai se consolidando, definimos o acompanhamento final da reportagem. Em paralelo, conversamos com todos os veículos para, em parceria, montarmos as estratégias de distribuição. Concluída a apuração, fazíamos a leitura dos textos, ouvíamos os áudios, assistíamos aos vídeos, checávamos documentos. É a fase que chamamos de "primeiro espancamento". Aqui, um parêntese. Redações são ambientes agradáveis, bem-humorados, mas também tensos e, por vezes, hostis, em especial durante os processos que antecedem uma reportagem investigativa. A definição de "espancamento" ilustra esses momentos. A ideia é simples: deve-se questionar todas as informações, inquirir o repórter, fazer o papel de "advogado do diabo" sempre que possível. Se, após o "espancamento", a reportagem parar em pé, ela pode ser veiculada. Do contrário, o mais saudável é voltar ao trabalho. Um dos ensinamentos que levo para a vida é que, no processo de edição, repórter e editores cumprem papéis bem diferentes. O tratamento, por óbvio, precisa ser cordial, mas, quanto mais difícil o editor tornar a vida do repórter, em termos de exigências, mais segurança teremos na publicação da reportagem e melhor será o entendimento do público.

A exposição inadequada de pessoas, empresas e instituições é tão ruim quanto um malfeito que precisa ser revelado. Concluídos os "espancamentos" da redação, texto, imagens, áudios e vídeos eram encaminhados ao Departamento Jurídico do Grupo RBS. Nele, a advogada Débora Dalcin, que acumula mais de vinte anos de atuação no Grupo, nos auxiliava a desviar de ciladas e a escapar de campos minados.

Pelos processos internos do GDI, todas as publicações, sem exceção, eram previamente lidas por ela. Experiente e sensível aos interesses jornalísticos, Débora jamais vetou uma reportagem do GDI. A decisão de publicar algo no Grupo RBS é sempre das redações e do Comitê Editorial. As recomendações de Débora, porém, são de grande utilidade. Um dos mais relevantes papéis da assessoria que ela nos presta diz respeito também à precisão dos termos jurídicos.

Dirimimos imprecisões e reduzimos riscos de sinistros jurídicos. Dependendo da circunstância ou da sensibilidade do tema investigado, o assunto era compartilhado com líderes de redações que integravam o Comitê Editorial, na época coordenado pelo então vice-presidente Editorial e Institucional do Grupo RBS, Marcelo Rech.

Com todas as pontas atadas, definíamos a estratégia de publicação de forma que todos os veículos fossem contemplados e milhares de leitores, ouvintes e telespectadores alcançados. Para sinalizar graficamente para o público, o conteúdo do GDI tinha uma unidade estética semelhante em todas as plataformas.

A produtividade

Ingressei em *Zero Hora* como repórter, em janeiro de 1999, na Casa Zero Hora Santo Ângelo, noroeste do Estado. Integrava um time de duas dezenas de repórteres e fotógrafos lotados em diversas Casa Zero Hora espalhadas pelo interior. Em outubro de 2002, como repórter da editoria de Geral, já em Porto Alegre, fiquei dois meses produzindo a série de reportagens "Viagem aos Confins do Brasil". Foram trinta dias viajando de caminhão de Bento Gonçalves a Boa Vista, em Roraima, e três semanas escrevendo o texto – só texto. Não era algo incomum. Nem todos os repórteres tinham essa oportunidade, mas, com frequência, muitos permaneciam semanas longe da pressão dos *deadlines* diários para produzir grandes reportagens. Já fiquei semanas levantando informações sobre algo que não seria publicado. Participei de reportagens com outros colegas que demoraram um ano para chegarem aos leitores e que exigiram, de forma escalonada, semanas de cobertura exclusiva, como a série de reportagens "Os Infiltrados", feita em parceria com Humberto Trezzi, Carlos Wagner e Nilson Mariano, transformada em livro com o mesmo nome. Conto essa história sem a pretensão de ser autobiográfico – e tampouco saudosista, embora lembre de uma época que não retornará. Meu objetivo é apresentar um contexto que, embora já não exista, até pouco tempo atrás caracterizava as nossas redações. Os tempos, agora, são outros.

Reportagens investigativas têm seu próprio tempo. Não cabe ao repórter apressar os fatos. Como lidamos com assuntos delicados, nem sempre é fácil convencer fontes a falar. Exige proximidade, calma, olho no olho. Não se cativa alguém em conversas pelo WhatsApp. Em paralelo, é preciso mostrar para o colega do lado, estressado pelas demandas diárias e ávido por oportunidades que lhe permitam cavar notícias exclusivas e burilar textos escorreitos, que todos ganham com a existência do GDI. Só é possível que alguns produzam menos e com mais contundência porque outros produzem mais, garantindo que a roda gire e que o ecossistema de informações com diferentes perfis seja contemplado. Não é fácil.

No período em que estive à frente do Grupo, estabelecia com a equipe uma meta de publicarmos a cada quinze ou vinte dias reportagens de pequeno a médio porte e, a cada dois ou três meses, grandes apurações, com alto impacto social. Foi o que fizemos, sempre com o cuidado de prestar contas interna e externamente sobre o trabalho do Grupo.

Resultados compartilhados

A cada seis meses, publicávamos duas páginas em *Zero Hora* relembrando todas as reportagens do Grupo, revelando as consequências de cada denúncia. Quando completamos um ano de existência, contabilizávamos 31 investigações – média de uma reportagem a cada doze dias – que motivaram a abertura de 29 apurações de órgãos como polícias Civil e Federal, Ministério Público (MP), Ministério Público Federal (MPF) e Ministério Público de Contas (MPC). Em apenas um ano, recebemos seis distinções, entre elas o Prêmio Antônio Gonzales de contribuição especial à comunicação da Associação Rio-grandense de Imprensa (ARI). Apresentamos o *case* GDI para estudantes de sete faculdades de Jornalismo no estado e no 12º Congresso de Jornalismo Investigativo da Associação Brasileira de Jornalismo Investigativo (Abraji).

Sob o ponto de vista dos públicos externos – leitores, ouvintes, telespectadores, fontes e autoridades –, os prêmios e o interesse do campo jornalístico evidenciavam a relevância do investimento no GDI. Sob o ponto de vista interno do Grupo RBS, robustecia-se a certeza de que o GDI era uma contribuição para a democracia e para o jornalismo profissional.

A relevância de uma marca

*Dione Kuhn**

Na manhã de 16 de outubro de 2018, a Rádio Gaúcha realizava o primeiro debate do segundo turno da eleição ao governo do Rio Grande do Sul. Frente a frente, José Ivo Sartori (MDB), então governador e candidato à reeleição, e Eduardo Leite (PSDB), que viria a ser o eleito ao Palácio Piratini doze dias depois. Enquanto o tenso embate se desenrolava, a cerca de cinquenta metros do estúdio uma equipe de sete repórteres investigativos escutava atentamente cada frase dita pelos dois concorrentes.

Ainda no primeiro bloco, Leite e Sartori entraram no assunto da concessão de rodovias à iniciativa privada e da parceria público-privada (PPP) da Companhia de Saneamento, a Corsan, na Região Metropolitana. Entre réplicas e tréplicas e informações divergentes de lado a lado, Eduardo Leite recorreu ao Grupo de Investigação da RBS na tentativa de provar que os dados apresentados por ele – e contestados por José Ivo Sartori – eram os corretos. "Quem bom que tem o GDI aqui para nos colocar...", afirmou.

Naquele ano, o GDI estreava em uma nova frente de atuação: a certificação das declarações dos candidatos ao

* Editora-chefe de *Zero Hora* e coordenadora do GDI de 2018 a 2021.

Executivo estadual nos debates eleitorais. Era o GDI emprestando a sua marca ao mecanismo de checagem "É isso mesmo?", criado em 2014 pelo jornal *Zero Hora* nas plataformas impressa e digital.

Os jornalistas que tinham a missão de carimbar as falas como "É verdade", "Não é bem assim" ou "Não procede" carregavam uma responsabilidade extra: uma certificação que resultasse em classificação negativa poderia trazer prejuízos eleitorais aos candidatos. Cada profissional tinha domínio de uma ou mais áreas (em especial as de educação, saúde, finanças e licitações públicas, infraestrutura, segurança, economia, política e cultura).

O trabalho do GDI mostrou que tanto Leite quanto Sartori erraram em parte das informações ditas no debate da Rádio Gaúcha. Vinte frases foram confrontadas com documentos, planilhas, banco de dados, consultas a fontes especializadas e reportagens antigas. Ao total, entre debates e entrevistas no primeiro e no segundo turnos com os sete candidatos que disputaram a eleição para governador, 88 falas foram esquadrinhadas.

Marca consolidada

A checagem do Grupo de Investigação em 2018 foi um marco nos debates eleitorais realizados pela RBS. Dois anos depois, na eleição à prefeitura de Porto Alegre, e quatro anos mais tarde, em 2022, novamente na disputa para governador do RS, o trabalho de certificação do GDI se repetiu. A presença dos repórteres investigativos, sempre anunciada pelos apresentadores na abertura e ao longo dos debates da

Rádio Gaúcha e da RBS TV, acabou contribuindo para que os próprios concorrentes passassem a ter mais cautela nas afirmações e no uso de dados.

Em outubro de 2018, 22 meses após o seu lançamento, o GDI já era visto pelo poder público, pelas instituições e pelos próprios políticos como uma marca consolidada, respeitada e de credibilidade. Foi se tornando uma porta de entrada para a sociedade se comunicar com as redações dos veículos da RBS. Desde o seu lançamento, já recebeu dezenas de suspeitas, alertas, sugestões e reclamações, presencialmente ou por meio de WhatsApp, e-mail e telefone. De dicas consistentes que resultaram em reportagens a queixas costumeiras como falta de luz em determinado bairro ou um buraco de rua que há meses provoca transtornos.

O GDI também passou a ser *case* nacional em faculdades, congressos e seminários de jornalismo. Com foco nos futuros profissionais, preparamos um guia intitulado *Os segredos da investigação*, que foi distribuído por dois anos seguidos (2018 e 2019) no congresso internacional da Associação de Brasileira de Jornalismo Investigativo (Abraji) e aos estudantes universitários. O guia, além de contar os bastidores da criação do GDI, também mostra a rotina de trabalho dos repórteres, as técnicas de investigação e o *making of* de reportagens que tiveram alto impacto.

Balanço e reposicionamento

Ao se completarem dois anos da fundação, em dezembro de 2018, a equipe que compunha a governança do GDI à época avaliou que era hora de se fazer um balanço do trabalho, revisar – e, se necessário, atualizar – as premissas, os objetivos e os processos de integração entre RBS TV, Rádio Gaúcha, GZH, *Zero Hora* e *Diário Gaúcho*, reforçar nossa missão como jornalistas e planejar as ações de médio e longo prazos. E, por que não, de também prestar contas à sociedade? Começava, então, já às vésperas de 2019, a preparação do projeto GDI 3.0.

Como coordenadora do GDI naquele período, fiquei com a missão, em um primeiro momento, de olhar tudo o que havíamos feito, de analisar as consequências de cada reportagem, as áreas em que mais tínhamos investigado, onde poderíamos ter avançado, as necessidades de aperfeiçoamento da equipe e os prêmios conquistados.

Em uma segunda etapa, começamos a discutir qual seria a forma mais efetiva de divulgar o balanço. A decisão foi pela realização de um painel em que se pudesse também debater o impacto do jornalismo investigativo na sociedade. Junho de 2019 marcaria o 30º mês de aniversário do GDI, mas o evento foi programado para o dia 18 de julho, com as presenças de chefes dos principais órgãos públicos de investigação, representantes dos poderes Executivo, Legislativo e Judiciário estaduais, líderes de organizações da sociedade civil, jornalistas, entre outros convidados.

Em um período de dois anos e meio, o GDI havia produzido 76 novas investigações e gerado dezenas de resultados práticos. O balanço incluía 65 denúncias abertas no Ministério Público, quatro processos judiciais, cinco operações policiais e oito prisões ocorridas a partir de reportagens publicadas em GZH, *Zero Hora* e *Diário Gaúcho* e veiculadas na Rádio Gaúcha e na RBS TV.

Com o auditório da RBS TV lotado, o painel teve como debatedores o procurador-geral do Ministério Público do Rio Grande do Sul (MP), Fabiano Dallazen, o conselheiro do Tribunal de Contas do Estado (TCE-RS), Cezar Miola, a chefe da Polícia Civil, Nadine Anflor, a secretária estadual de Comunicação, Tânia Moreira, e o presidente do Conselho de Comunicação Social do Tribunal de Justiça (TJ-RS), Túlio Martins.

Em quase duas horas de debate, a certeza de que uma imprensa livre, isenta, transparente e com credibilidade forma um dos pilares da democracia de qualquer país:

"A liberdade de imprensa é um princípio fundamental em qualquer sociedade que queira ser democrática. O GDI colabora duplamente, investigando o problema do cidadão e entregando na outra ponta, que são as instituições públicas."

Ranolfo Vieira Júnior, delegado aposentado e então secretário estadual de Segurança Pública

"O jornalismo investigativo feito de forma séria, principalmente por veículos de credibilidade, serve como uma fonte de informação muito relevante para que a sociedade saiba o que está acontecendo e faça o seu julgamento de uma forma tranquila, não baseada em notícias falsas."

Fabiano Dallazen, à época procurador-geral do Ministério Público Estadual

"O poder necessita de controle, não apenas pelas instâncias próprias de controle do poder, mas pela imprensa. Por

ela, a sociedade tem condições de limitar o exercício do poder. Como um todo, o jornalismo é fundamental, mas especialmente o investigativo, que é a voz da sociedade no controle do poder."

Geraldo da Camino, à época procurador
do Ministério Público de Contas

"O jornalismo investigativo tem a responsabilidade de levar à sociedade informações investigadas, cada vez mais qualificadas e transparentes. A parceria entre o GDI e a Polícia Civil existe desde o início. Muitas investigações se iniciaram das denúncias do GDI, outras se iniciaram com o trabalho da polícia judiciária, mas acabaram se consolidando através da divulgação. Estamos todos trabalhando em prol da sociedade."

Nadine Anflor, à época chefe da Polícia Civil

"O jornalismo investigativo se conecta com os órgãos de controle. Temos uma proximidade muito grande, embora em campos diferentes, porque ele ajuda a identificar eventuais irregularidades e fraudes, levando ao conhecimento dos órgãos de controle e contribuindo para que a sociedade possa exercer o controle social."

Cezar Miola, conselheiro do
Tribunal de Contas do Estado

"As pessoas esperam conteúdo de qualidade com contraponto e provas. Foi assim que terminou a Guerra do Vietnã, foi assim que houve o caso Watergate e muitas coisas recentes

na história do Brasil se basearam no jornalismo investigativo. Jornalismo é notícia, informação, denúncia e transmissão real da verdade para as pessoas."

Túlio Martins, desembargador, à época presidente do Conselho de Comunicação Social do Tribunal de Justiça do Estado

"É extremamente importante (o jornalismo investigativo) para mostrar à sociedade os problemas que ocorrem e que muitas vezes nós, que somos da área policial, não conseguimos resolver ou nem enxergar. Ele torna público os problemas que temos na sociedade para, a partir daí, darmos uma atenção especial."

Mário Yukio Ikeda, à época comandante-geral da Brigada Militar

Integração multimídia e renovação

*Jaime Silva e Rodrigo Müzell**

O jornalismo é uma atividade em constante evolução e precisa estar sempre pronto a acompanhar e se adaptar às mudanças impostas pelo tempo. As abordagens e soluções pensadas para apurações poucos anos atrás podem já não funcionar hoje. A oxigenação da prática jornalística com novas ideias, métodos de apuração e formas de distribuição é fundamental para garantir a eficácia e a relevância dos conteúdos produzidos. No caso do jornalismo investigativo, por tratar de temas delicados e trazer à luz fatos que podem expor crimes ou falhas de gestores públicos, essa necessidade é ainda maior.

Ciente desta necessidade, o GDI sempre teve preocupação com a renovação, seja pela troca de integrantes na equipe de repórteres, seja pela alternância na coordenação do grupo, o que ajudou a enriquecer o trabalho com experiências e visões distintas. Desde sua origem, em 2016, o GDI já teve seis coordenadores: Rodrigo Lopes (2016), Carlos Etchichury (2016 a 2018), Dione Kuhn (2018 a 2021), Rodrigo Müzell e Jaime Silva (2021 a 2023) e Diego Araujo (a partir de 2023). Cada um desses profissionais contribuiu com

---

* Jornalistas e coordenadores do GDI entre 2021 e 2023.

suas vivências e conhecimentos específicos para consolidar e aprimorar o trabalho do grupo. Lopes, com sua larga experiência de repórter e editor na área internacional, foi essencial na gênese do GDI ao ajudar a reunir talentosos colegas de diferentes áreas. Etchichury trouxe a extensa bagagem de quem já havia realizado várias reportagens investigativas, além de ter atuado como editor nas áreas de Geral e Segurança. Dione, com uma vivência de mais de duas décadas na cobertura de Política, agregou novas perspectivas para as investigações. Müzell, primeiro coordenador vindo da área de TV e com experiência em jornalismo digital, trouxe um olhar mais multimídia para as reportagens, apoiado pelo trabalho de Silva na interligação com a redação integrada, que inclui *Zero Hora*, *Diário Gaúcho*, GZH e Rádio Gaúcha. Araujo, editor-chefe do jornal *Diário Gaúcho* e que também já havia passado pelas editorias de Geral e Esportes em *Zero Hora*, passou a aprimorar esta integração multimídia, trazendo para o GDI mais jornalistas de diferentes áreas e plataformas do Grupo RBS.

Linha de produção

O sucesso do GDI está ancorado no talento de seus repórteres. Em comparação com outras iniciativas de jornalismo, os coordenadores impõem muito pouco de suas preferências ou opiniões: as melhores pautas investigativas vêm de informações exclusivas obtidas pelos repórteres ou mesmo de suas obsessões pessoais. Qual a importância, então, de tratarmos dos processos de trabalho e de seus responsáveis – os coordenadores do grupo?

Uma redação é tão ágil, criativa e relevante quanto seus processos internos permitem. Uma metáfora muito usada para descrevê-la é a da fábrica: todos os dias, é preciso produzir uma grande quantidade de informação noticiosa, empacotá-la e distribuí-la para o consumidor. Como todas as comparações, esta é limitada: é difícil usar a lógica da linha de montagem no caso do trabalho jornalístico, que tem por base a contribuição intelectual de cada repórter ou editor para cada assunto – seu conhecimento dos fatos e do contexto, sua visão, o raciocínio que fará sobre as informações que apura. O impacto dos fatos também é brutal sobre a "linha de produção", já que em uma fábrica de salsichas a fabricação não atrasa ou acelera a todo momento conforme o que acontece nas ruas da cidade, do país ou do mundo.

Ainda assim, grandes redações sempre buscam evoluir processos para organizar uma criação de notícias cada vez mais veloz e intensa, e seus gestores usam ferramentas comuns a qualquer empresa para ajudar nesta tarefa: organogramas, fluxos, gráficos, análise de produtividade. E, como a ideia ao criar um Grupo de Investigação é aproveitar o melhor de um conjunto heterogêneo de repórteres – jornal, TV, rádio, digital – espalhado em redações diferentes, organizar os processos de trabalho é ainda mais decisivo.

Uma razão é prática: evitar duplicidade de trabalho e dar ritmo para a produção. Repórteres investigativos costumam tocar mais de uma apuração ao mesmo tempo. E cada uma segue em estágios diferentes: muitas vezes, o repórter recebe uma dica e busca fontes que demoram para responder e, enquanto isso, apura outras pautas. Com isso, é normal mais de um repórter do grupo esbarrar em uma mesma dica de pauta. Às vezes, dois colegas podem contatar a mesma fonte sem saber um do outro (e serem avisados disso pela própria fonte). O líder do grupo, que tem o panorama mais amplo do que cada repórter está tocando, ajuda a evitar isso. Desde o início do grupo, foi tradição manter uma reunião mensal para que os repórteres contassem uns aos outros que assuntos estavam investigando. É a hora em que os integrantes dão informações, sugestões e palpites sobre as apurações dos colegas, muitas vezes ajudando a traçar estratégias ou mesmo se juntando à investigação. Também é o momento em que o coordenador leva pedidos de pautas a apurar. A famosa "pergunta de editor": será que no assunto X não conseguimos descobrir algo se formos mais a fundo?

Também é papel do coordenador auxiliar os repórteres a focar: em que momento uma das várias apurações em andamento estão maduras o suficiente para que o repórter só se dedique a ela, quanto tempo é necessário, quem mais deve ser envolvido.

Esquema de avaliação

E, conforme o trabalho avança, ajudar nas decisões jornalísticas. Os assuntos do grupo não estão se repetindo demais? A primeira versão da reportagem está forte o suficiente? Os lados envolvidos estão sendo ouvidos?

Assim, ao longo da trajetória do GDI, foi utilizado o seguinte esquema para avaliar, aprovar e desenvolver uma sugestão de pauta – com ligeiras adaptações conforme a época e a forma de trabalho de cada coordenador.

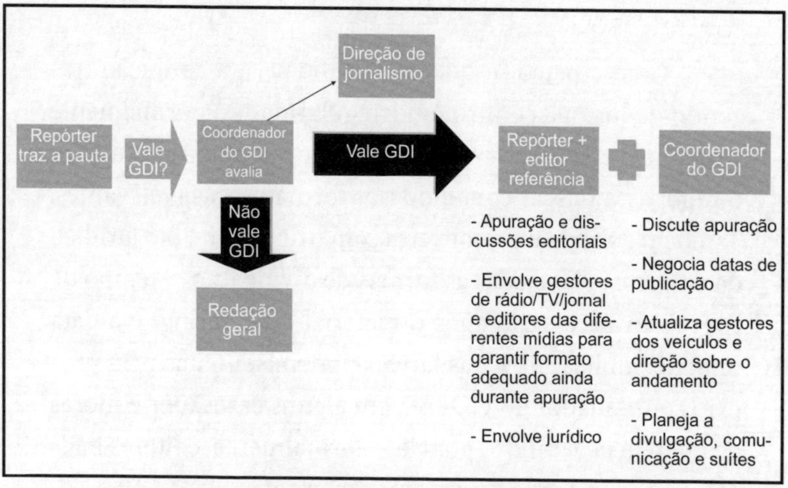

A partir da ideia de pauta ou informação inicial, o coordenador do GDI faz uma primeira avaliação. A pauta vale? Terá impacto? É possível chegar longe o suficiente na investigação para a matéria sair? O que precisamos descobrir, de quem isso depende? Há recursos? Em alguns casos, a avaliação é de que não haverá tempo suficiente para entrar com profundidade ou a pauta não tem elementos para justificar uma investigação. É possível, então, optar por colocar a pauta no fluxo normal da redação ou simplesmente desistir do assunto. Nos casos em que repórter e coordenador do GDI consideram o assunto promissor, o primeiro segue na apuração e o segundo divide o assunto com os principais líderes das redações e a direção de jornalismo. Ainda que as pautas sejam sigilosas, este pequeno círculo precisa ter conhecimento dos assuntos em investigação – não é raro um dos envolvidos, ao perceber ser alvo de apuração, buscar interferir em contatos com outros integrantes da empresa. Para garantir a independência da apuração, este alinhamento é fundamental.

Com a pauta "esquentando", ou seja, a apuração trazendo dados que confirmam irregularidades, normalmente se definem editores na redação de TV e integrada para ajudar o repórter a buscar conteúdo nos formatos mais relevantes. Também é aberta uma conversa com o departamento jurídico da empresa, planejadas as formas de divulgação, o tempo de checagem necessário após o material estar pronto e a data final de publicação. Estas tarefas podem ser feitas pelo próprio coordenador do GDI ou, em alguns casos, por editores de referência definidos por ele – normalmente, editores mais acostumados com o assunto da reportagem.

No início de 2021, durante a pandemia, um modelo diferente de coordenação foi experimentado. O contexto era totalmente novo. As equipes estavam mais distantes por conta dos protocolos de distanciamento – muitos integrantes do grupo trabalhavam de casa. Os esforços das redações ainda estavam destinados à cobertura do combate à covid, e os repórteres do GDI entraram também de cabeça no assunto. Não era mais possível realizar as reuniões periódicas para falar de longas pautas investigativas – a pandemia estava atropelando a todos. Com isso, se experimentou trabalhar com dois coordenadores: Rodrigo Müzell, então gerente na RBS TV, e Jaime Silva, chefe de reportagem na redação integrada de *Zero Hora*, *Diário Gaúcho*, Rádio Gaúcha e GZH, assumiram o grupo com a tarefa de atuar próximos às equipes e, ao mesmo tempo, aprofundar a colaboração entre as redações.

A meta de explorar todo o potencial dos diversos veículos para aumentar a visibilidade e a repercussão das reportagens esteve presente desde o início do GDI, com a participação de repórteres dos meios impressos e digitais, da rádio e da TV. A primeira investigação do grupo, a premiada série de matérias "Perigo no Prato", que mostrava a presença de agrotóxicos acima do permitido em vários alimentos, teve reportagens em veículos impressos, site, TV e rádio em 2016. A veiculação do conteúdo em diferentes plataformas gerou forte impacto, provocando reação imediata do poder público – neste caso específico, o Ministério Público e a Polícia Civil abriram investigações para apurar a denúncia feita pela reportagem.

Aproveitamento multimídia

Com a criação da redação integrada, em 2017, o processo de aproveitamento multimídia foi sendo aprimorado. A união de Rádio Gaúcha e *Zero Hora* no quarto andar da Avenida Ipiranga, 1075, colocou no cotidiano a produção de conteúdo em texto, áudio e imagem para abastecer rádio, jornal e digital. Cada vez mais, a produção das matérias do GDI passou a considerar desde o início a veiculação multimídia. Além do impacto mais amplo de público, esta abordagem também trouxe a oportunidade de reunir talentos diferentes, de repórteres formados em mídias distintas.

O objetivo de uma investigação – trazer à tona fatos escondidos – é sempre o mesmo, mas o jornalismo desenvolveu formas bem distintas de chegar a ele conforme a mídia. Matérias de televisão têm a necessidade primordial de mostrar em imagens o que os repórteres de jornal aprenderam a descrever em palavras. Quem é formado na escola do texto escrito aprende que o formato exige uma explicação minuciosa dos mecanismos investigados e nenhuma porta aberta para perguntas que enfraqueçam a matéria. O leitor, seja no papel, no computador ou no celular, pode ir e voltar no texto, pular para uma tabela, analisar com calma as evidências apresentadas. No rádio e na TV, esta possibilidade não existe: a narração deve ser clara, sem dúvidas sobre o que cada informação significa na história. No rádio, além disso, é preciso descrever os esquemas denunciados sem a ajuda de imagens, gráficos ou tabelas.

Conciliar formas de trabalhar tão diferentes trouxe desafios. Mas também aumentou o impacto do trabalho do grupo e qualificou todos os envolvidos. O ponto de vista de jornalistas formados em cada mídia é diferente. Peguemos o caso da TV, em que uma investigação só funciona com vídeo. Assim, é essencial aos jornalistas o domínio das técnicas de captação de flagrantes, imagens à distância, obtenção de material das câmeras de segurança e uso de infiltração com câmera escondida. Na TV, há os profissionais mais habituados ao trabalho em equipe: para ir ao ar, dificilmente uma reportagem envolve menos do que um repórter, um cinegrafista e um auxiliar de externa, além de editores de texto e imagem. O hábito de pensar qualquer matéria como uma produção coletiva está no DNA de qualquer repórter de televisão – mesmo que investigações muitas vezes tenham longas etapas de apuração solitária.

Por outro lado, jornalistas mais de texto, oriundos de jornal ou digital, costumam investir em entrevistas longas e documentação extensa para entender processos, cavoucar em burocracia, mostrar conexões com vários personagens. Análises longas de dados, listas e detalhes minuciosos são mais normais nas investigações destes profissionais. Reunir os dois perfis em uma mesma matéria garante o melhor dos dois mundos: a descoberta de mecanismos complicados com imagens, personagens e sons que trazem o problema para junto do público. O impacto de uma imagem chocante de uma irregularidade com o contexto do peso que ela tem sobre a sociedade. Na prática, ter um grupo diverso também torna mais rico o material obtido. Matérias feitas com alguém de TV certamente terão imagens em abundância. Ter um repórter de rádio envolvido desde o início no processo, por exemplo, garante um cuidado para obter nas gravações em áudio um texto conciso que ajuda a identificar fragilidades no conteúdo.

Nem sempre no GDI as matérias são feitas desde o início com mais de um repórter. Em alguns casos, um jornalista avança bastante na investigação e colegas de outras mídias se juntam na fase final para traduzir parte do material da forma mais adequada à sua plataforma, ou para trazer outros pontos de vista. Em 2022, por exemplo, o repórter Humberto Trezzi deu início à apuração da reportagem "Escolas Inacabadas", investigando por que menos da metade das creches previstas pelo Governo Federal foram construídas na última década. De posse dos dados que mostravam o problema, tiveram a colaboração da repórter Cristine Gallisa, da RBS TV. Especializada em educação, ela trabalhou para mostrar o impacto do problema no ensino fundamental pelo estado, trazendo fontes que analisam os prejuízos. Do repórter fotográfico André Ávila veio a ideia que resumia em uma imagem a questão levantada: famílias posaram para fotos e vídeos nas ruínas de creches inacabadas, abandonadas pela má gestão do poder público.

Distribuição planejada

Com o tempo, percebeu-se que era fundamental pensar também no processo de distribuição das matérias produzidas. Não bastava mais imaginar quais seriam os melhores insumos para rádio, TV, site e jornal. Era preciso considerar também a melhor maneira de o produto final da investigação chegar ao público, para que cada veículo amplificasse a distribuição da informação de maneira integrada, somando forças. Assim, por exemplo, uma reportagem que vai ao ar de manhã cedo no rádio é publicada simultaneamente no site para que o ouvinte que tenha escutado a notícia possa se aprofundar lendo a versão digital do assunto, com todos os conteúdos possíveis para o formato (textos, gráficos, fotos, vídeos etc.). Na sequência, a reportagem pode ser vista em formato produzido para a TV em um dos noticiários da grade da RBS TV. Cada veículo também menciona que a investigação pode ser acessada nas outras plataformas. Essa disponibilização do conteúdo em diferentes veículos e horários faz com que o tema da reportagem fique recirculando e reverberando ao longo do dia, aumentando o potencial para atingir públicos distintos e, portanto, fortalecendo a repercussão do assunto tratado. Para concluir o ciclo, no dia seguinte, o leitor tem acesso à reportagem nas páginas de *Zero Hora*, cuja curadoria reúne os principais aspectos do assunto e reforça a importância do meio impresso como registro documental da investigação.

Dependendo das particularidades de cada reportagem, esse processo de distribuição pode ser modificado. Por exemplo, uma matéria sobre determinado assunto pode funcionar melhor no *Bom Dia Rio Grande*, telejornal do início da manhã da RBS TV mais dedicado aos assuntos de cidades e serviços. Nesse caso, a reportagem é veiculada inicialmente na TV para imediatamente depois entrar no primeiro programa da Rádio Gaúcha. O que não muda nesse processo é a publicação simultânea com o site GZH, fortalecendo o caráter do digital como plataforma que proporciona imersão mais profunda no tema da investigação.

Um exemplo recente deste processo de apuração e distribuição integrado é a reportagem que se propôs a desvendar o que está por trás do furto de cabos de cobre em Porto Alegre, um crime que gera uma série de transtornos na rotina da capital gaúcha – como falta de luz, semáforos inoperantes e queda nas conexões de internet –, mas que vinha sendo tratado de forma pontual em notícias isoladas nos diversos veículos. Durante semanas, os repórteres Humberto Trezzi e Lucas Abati (da redação integrada) e Giovani Grizotti e Glaucius Oliveira (da RBS TV) dedicaram-se a uma exaustiva investigação para mostrar e explicar o que acontece desde o momento em que um fio de cobre é cortado do poste da rede de iluminação pública até ser ilegalmente comprado por um receptador (normalmente, proprietários de ferros velhos) e de que forma essa cadeia se relaciona com outros crimes, como o tráfico de drogas e a extorsão comercial praticada por facções.

Diversos flagrantes de furtos foram gravados em vídeo, o depoimento de um autor de furto foi gravado em áudio e várias visitas foram feitas a locais de receptação. O resultado foi a investigação mais completa sobre o assunto já feita até então, concebida, apurada, editada e distribuída de forma multimídia e integrada. A reportagem foi ao ar no programa *Atualidade*, da Rádio Gaúcha, às 9h do dia 24 de abril de 2023.

Simultaneamente, foi publicada online em GZH e depois foi levada ao ar no *Jornal do Almoço*, da RBS TV, às 11h45min. No dia seguinte, o assuntou ocupou a capa e mais três páginas de *Zero Hora*. Nos dias seguintes, Guarda Municipal, Polícia Civil e outros órgãos passaram a intensificar operações para tentar coibir esse tipo de crime.

Menos furo, mais investigação

Para se chegar a esse nível de produção e distribuição integrada, o GDI teve de superar uma característica que faz parte da rotina jornalística: a obsessão por dar a notícia em primeira mão, o chamado "furo". Em um passado não muito distante, era comum que os veículos da RBS, mesmo fazendo parte do mesmo grupo, considerassem os demais como concorrentes. O empenho para ser o primeiro a noticiar fazia com que a apuração não fosse compartilhada, e a publicação simultânea ou escalonada sequer cogitada. Com o tempo, essas barreiras entre as redações foram sendo derrubadas com a compreensão de que a integração tornava mais racional a produção das reportagens e ampliava seus resultados. Nesse processo, o GDI teve papel crucial, por já nascer multimídia, com profissionais de várias redações, e por desenvolver o produto jornalístico mais nobre e mais sensível ao "furo jornalístico", a investigação. Se havia alguma dúvida em relação ao acerto dessa decisão, o impacto e a repercussão das reportagens publicadas pelo grupo ao longo dos últimos sete anos foram suficientes para eliminar esses questionamentos.

Parte dessa segurança também vem do imenso leque de possibilidades que trabalhar em conjunto traz. Inclusive de distribuição. Os veículos do Grupo RBS alcançam um público amplo e diverso. E, sem deixar de informar a todos, o conhecimento da característica de cada um dos grupos que acessa suas plataformas faz com que se leve a investigação de forma mais adequada para cada um deles. Falando a linguagem mais adequada, dando o enfoque mais interessante. Por exemplo, a reportagem "Casas de Papel", de 2018, mostrava uma construtora que, apesar de já condenada na Justiça, seguia vendendo residências pré-fabricadas, recebendo adiantamentos que representavam todas as economias de famílias de baixa renda sem entregar os imóveis. Sua publicação teve mais espaço no jornal popular *Diário Gaúcho* do que em *Zero Hora*, por trazer um problema sofrido na maior parte pelo público do primeiro. Outras investigações recebem mais espaço na TV do que no jornal por terem vídeos fortes – um dos critérios básicos de noticiabilidade na televisão é o impacto da imagem.

O digital é o ponto de encontro da integração. Cada vez mais, o consumo de informação é feito pela internet e, mais especificamente, pelo celular. E também de forma crescente não só em textos, mas também em vídeos e áudios. Para GZH, as qualidades de uma equipe de backgrounds diversos como a do GDI são fundamentais. Os textos detalhados se aliam ao vídeo, que serve como evidência, as tabelas que mostram mau uso de dinheiro conversam com as imagens do serviço não prestado e se aliam aos depoimentos das vítimas. O contato com o público no ambiente digital também conecta as várias etapas de veiculação das matérias e mostra à redação quais pontos têm mais repercussão junto ao público, o que eventualmente ficou mal explicado e, muitas vezes, traz novos informantes e fontes para que a investigação prossiga. Além de trazer novas pautas.

Durante a pandemia, o distanciamento social provocou mudanças em todos – inclusive nos crimes. Por conta das limitações de deslocamento, pessoas que não estavam habituadas ao mundo digital tiveram de passar a fazer operações online, inclusive movimentações financeiras. Eram um alvo perfeito para quem queria tirar proveito da situação.

Em julho de 2021, uma reportagem de Carlos Rollsing mostrou como golpistas obtinham acesso a dados do INSS de idosos para contratar empréstimos consignados falsos e assim descontar parte do vencimento de aposentados e pensionistas. Além de depoimentos de vítimas, a reportagem se baseou em consultas a bancos de dados oficiais e mostrou como dados do INSS poderiam ser negociados em chats de aplicativos de mensagem. Com a migração dos golpes para o meio digital, o GDI mostrou estar conectado ao seu tempo e também voltou o olhar para esse ambiente.

Desfecho prolongado

Outra marca importante do GDI é o entendimento de que a investigação jornalística não se encerra na publicação da primeira reportagem ou nas repercussões imediatas nos dias seguintes. O desfecho de uma denúncia feita em uma matéria pode levar meses ou anos para ocorrer. Muitas vezes, o assunto pode cair no esquecimento ou se perder nos labirintos da burocracia pública se não houver acompanhamento e cobrança constante da imprensa. Esse processo requer paciência, persistência e organização do repórter para seguir monitorando os desdobramentos da reportagem, mesmo que por um bom tempo não haja nada relevante a ser publicado.

Um desses casos é o da reportagem de Adriana Irion que apontou o uso irregular de verba extra disponibilizada pela Secretaria Municipal da Educação (Smed) de Porto Alegre para realização de obras emergenciais em escolas, sem a necessidade de licitação. Havia a suspeita de um esquema entre empreiteiros e gestores da secretaria para superfaturar orçamentos favorecendo sempre as mesmas empresas. A primeira matéria foi publicada em novembro de 2021 e deu origem a apurações internas da prefeitura. Durante quase dois anos, pouco avançou o assunto, ao menos publicamente, mas a repórter nunca deixou de monitorar o andamento das investigações. A persistência de Adriana foi recompensada em outubro de 2023, quando pôde noticiar, em primeira mão, uma operação policial que cumpriu mandados de busca e apreensão em prédios da Smed e de empresas suspeitas de envolvimento no esquema. Além de documentos, foram recolhidos mais de R$ 60 mil em dinheiro na casa de um dos empresários investigados. Mesmo que ainda não fosse o final do caso, era a garantia de que a investigação seguia em curso e de que a denúncia feita pelo GDI tivera efeitos concretos.

No jornalismo investigativo, o envolvimento de repórteres e editores é intenso e longo. Por isso, é um processo trabalhoso e, não raro, desgastante, mas que é capaz de produzir resultados palpáveis como poucas outras atividades dentro da prática jornalística. Até por conta disso, sua contribuição social é fundamental. E, para os envolvidos – seja na produção, planejamento, edição ou distribuição –, um privilégio.

Novos protagonistas

*Diego Araujo**

São 13h de uma segunda-feira de janeiro de 1996. Em uma sala de reuniões superlotada, com gente sentada em volta da mesa e sobre armários de madeira que viravam uma espécie de arquibancada, a editoria de Geral de *Zero Hora* se encontra em sua reunião de pauta. Após breves recados e um pequeno debate sobre como foi a semana que passou e o que se projeta para os próximos quinze dias, a executiva da área, Marta Gleich, dá a senha por que grande parte da equipe esperava:

– Bom, agora vamos às pautas, o que vocês sugerem?

Imediatamente, começa um bombardeio de ideias, uma aula para um foca recém-formado que participa, de forma quase invisível, de sua primeira reunião de pauta da Geral, responsável por reportagens de educação, saúde, ambiente, transportes, segurança, comportamento e tantos outros assuntos. Repórteres como Carlos Wagner, Nilson Mariano, Eliane Brum, Solano Nascimento, Humberto Trezzi, Clarinha Glock, Altair Nobre e Adriana Irion e editores como Ricardo Stefanelli, Rosane Tremea, Alexandre Bach e Elton Werb se revezam com sugestões de reportagens especiais, investigativas e entrevistas. Um cardápio de tirar o fôlego, mas

* Editor-chefe do *Diário Gaúcho* e coordenador do GDI a partir de 2023.

algo chama a atenção de quem só havia vivido experiência semelhante na faculdade: a profundidade. Cada repórter trazia um enunciado do que pretendia fazer, embasado por duas ou três fontes, com uma pré-apuração que indicava o que era necessário de viagens, de tempo para fazer e até uma proposta de dias de publicação. Eram raros os que apareciam na sala sem um pequeno calhamaço de papel para "provar" que a sugestão não era uma "porta fria", jargão para ideias que não param em pé no jornalismo.

Marta e Ricardo, os comandantes da equipe, faziam uma primeira avaliação ali mesmo, diziam o que poderia ser começado imediatamente, o que se tornaria pauta dominical (de curto prazo) e o que renderia uma especial. Reportagens especiais são aquelas de mais fôlego, que mostram algo que ninguém viu ainda, que denunciam, que contam uma história sob um ângulo nunca lido. Era o pote de ouro, objetivo pretendido por pautas tão bem elaboradas. Todos tentavam seduzir os colegas e os chefes de que a sua matéria deveria se tornar uma especial, que permitisse ao seu autor dedicação exclusiva. Para isso, precisavam da autorização dos gestores para "sair do dia", do factual, das entrevistas coletivas ou das coisas que todos os veículos tinham. "Ficar no dia" significava, muitas vezes, fazer manchetes, reportagens de repercussão, mas também cobrir assuntos menores, sem tanto impacto e, principalmente, sem reconhecimento imediato.

Óbvio que fiquei quieto na minha primeira reunião. Na segunda, na terceira, na quarta. Olhos esbugalhados, tentando entender o que estava acontecendo ali e pensando em como iria sobreviver. Na saída, outro episódio marcante. Fui ao banheiro e, no mictório, encontrei Carlos Wagner, o decano da editoria e um repórter tão premiado como generoso. Depois de urinar, ainda sem lavar as mãos, encosta o braço nas minhas costas e trava um diálogo que me faz entender um pouco da reunião que acabara de assistir.

– E aí, piá! Com o que tu tá mexendo?

– Bah, ainda nem vi a pauta – respondi, meio constrangido.

– Piá, um conselho: não espera a pauta. Tu só vai pegar o que sobrar.

– Mas eu estou chegando agora...

– Aqui, na Geral, piá, ou tu és protagonista ou morres de fome.

O espírito da investigação

A conversa do banheiro, que sempre lembro ao Wagner quando nos encontramos, me fez cair a ficha. Estava entrando em um lugar que tinha história, que tinha um DNA de protagonismo, cujas reportagens mudavam processos, derrubavam gestores públicos, colocavam bandidos na prisão, recontavam a história do Rio Grande e do Brasil. E aquela reunião tinha esse espírito em todos os cantinhos. Havia uma cultura de investigação e de protagonismo que estava espalhada por toda a redação de *Zero Hora* desde os anos 1970, 1980 e que ali, por ser a maior editoria do jornal, estava no ar, era quase palpável.

Fiquei na reportagem por pouco mais de três anos, nunca fui um profissional investigativo, mas sempre busquei ser o meu pauteiro, garantindo, em contrapartida aos editores, materiais exclusivos e manchetes. Da minha forma, fui inoculado pelo vírus do protagonismo. Em 1999, acho que por entender como funcionava o espírito de *Zero Hora*, virei chefe de reportagem e depois gestor de muitos daqueles colegas que transformaram a minha visão de jornalismo naquela tarde abafada de três anos antes. Sugeri pautas, editei reportagens deles e lentamente comecei a passar para frente o espírito do protagonismo que exala na RBS. Na minha história de quase trinta anos na redação, estive nas editorias de Polícia e Esportes e no *Diário Gaúcho*. Em todos esses lugares, incentivei os repórteres a pensarem em assuntos grandes, em trabalhos diferenciados e, sempre, em investigação.

A editoria de Geral acabou, seus integrantes se dispersaram pela redação, mas o protagonismo segue sendo uma obsessão. O Grupo de Investigação da RBS (GDI) foi criado em 2016 justamente com a ideia de ter uma equipe exclusiva para fazer apurações diferenciadas, trazer à luz situações que prejudicam a população, seja pela execução de um serviço mal feito ou pelo desvio de recursos. Após assumir a coordenação do grupo em maio de 2023, fui conversar sobre o que a diretora-executiva de Jornalismo e Esporte da RBS, Marta Gleich, entendia ser fundamental para o meu período:

– Precisamos de novos integrantes para o GDI e de novos assuntos. Somos bons em apurar temas de segurança, de corrupção no serviço público e no parlamento. Mas temos carência em aspectos mais próximos do dia a dia.

Ou seja, a missão era criar uma nova geração, formar gente. E não com o mesmo perfil de que dispúnhamos até então. Uma das minhas primeiras conversas foi com Carlos Etchichury, atual gerente-executivo de Esportes da RBS e ex-coordenador do grupo em seu início. Na gestão dele, então editor-chefe do *Diário Gaúcho*, ele percebeu que a repórter do *Diário Gaúcho* Jeniffer Goularte tinha o perfil de investigação e anteviu que seu arroubo e gosto pela apuração se encaixariam como uma luva entre os mais experientes. A troca foi imediata. Ela aprendeu muito e também ensinou. Sua participação, entre outras matérias, revelou aos gaúchos a premiada reportagem sobre os defeitos dos trens novos da Trensurb. A própria Jeniffer, hoje atuando como setorista de Palácio do Planalto em *O Globo*, nos conta como foi a sua experiência.

Depoimento da Jeniffer

Fui chamada para integrar a equipe do GDI aos 26 anos. Era setembro de 2016, época em que o grupo estava sendo montado. Tinha dois anos na RBS, trabalhava na redação do *Diário Gaúcho* e era repórter de Geral, mostrava problemas da cidade e todo tipo de perrengue para quem morava na periferia de Porto Alegre e da Região Metropolitana. Ônibus superlotados ou falta deles, carência de médicos em postos de saúde, obras paradas em creches e escolas, falta de professor, falta de merenda, infraestrutura e até mesmo falta de energia elétrica em salas de aula.

Dentro dessa rotina, havia feito algumas reportagens de denúncias como uma suspeita de superfaturamento que deixou 22,9 mil estudantes de Viamão sem uniformes escolares em 2014 e a farra das diárias de viagem usadas por vereadores da Câmara de Alvorada, o município com maior vulnerabilidade social da Região Metropolitana. Tinha alguma experiência com jornalismo de dados, planilhas de Excel, e costumava usar com frequência a Lei de Acesso à Informação em busca de dados que pudessem render reportagens de interesse público.

Embora tivesse pique de reportagem diária e muita disposição, era ainda uma repórter "verde" em investigação, com poucas fontes e sem uma noção clara de como era participar de grandes reportagens investigativas, com esforço próprio de apuração para denúncias de relevância. O GDI também exigia que pensássemos no conteúdo multiplataforma, com divulgação em jornal, rádio, televisão e site. Era uma experiência completa, junto a um grupo de profissionais gabaritados, com histórico sólido em investigações e com pessoas que sempre admirei. Tudo isso me deixou bastante apreensiva inicialmente, somado a semanas de frio na barriga e certa insegurança. O ambiente de troca entre os colegas e os editores foi me deixando mais à vontade. Com o passar do tempo, fui encontrando meu espaço.

Ao correr diariamente atrás de pautas para as páginas do *Diário Gaúcho* e passar a relatar todo tipo de problema que afeta o cidadão de uma metrópole, meu olhar se aguçou para aquilo que impacta a vida das pessoas. O GDI também tinha esse foco: revelar denúncias e trazer investigações de problemas reais, com reportagens de repercussão. Era isso que eu tinha em mente quando, em 2018, comecei a apurar o motivo pelo qual quinze trens comprados pela Trensurb apresentavam tantas falhas.

Zero Hora e Rádio Gaúcha já mostravam os sucessivos problemas com a nova frota comprada pela Trensurb em

2014. Os trens eram novos, tinham ar-condicionado, representavam uma promessa de mais conforto e comodidade para os passageiros, mas viviam fora de operação. Eu acompanhava o tema de longe, mas conhecia bem a rotina de quem utilizava o transporte por trilhos na Região Metropolitana. No *Diário Gaúcho*, já tínhamos apontado diversos problemas de infraestrutura das plataformas de metrô, conhecia todas as estações entre Porto Alegre e Novo Hamburgo e, embora não fosse eu mesma usuária dos trens, sabia o quanto os novos veículos parados tornavam o dia a dia de milhares de passageiros mais difícil.

Até que, em fevereiro de 2018, enviei um pedido para a Trensurb via Lei de Acesso à Informação (LAI) perguntando quantas vezes, desde que a nova frota tinha entrado em operação, em setembro de 2014, todos os trens haviam estado operacionalmente disponíveis para funcionarem simultaneamente. Usar a LAI para buscar informações, ideias e ganchos para pautas era algo que tinha como hábito. Sem a mesma experiência e quantidade de fontes que os colegas veteranos do grupo, eu precisava buscar caminhos, outras formas de apuração – e esse foi um dos recursos que me ajudou.

A resposta daquela LAI trouxe a surpresa de que em nenhum momento naquele intervalo de quase quatro anos a frota havia funcionado em sua totalidade. Fiquei surpresa com o retorno da própria Trensurb. A ideia inicial era escrever uma matéria sobre o quão pouco tempo a frota havia funcionado por completo, mas, se em nenhum momento isso havia ocorrido, em quatro anos de operação dos novos veículos, me convenci de que essa informação poderia ser a linha inicial de uma reportagem muito maior. Eu não estava errada.

A partir dali, passei a me dedicar em busca das respostas que levaram os quinze trens comprados por R$ 244 milhões pela Trensurb a jamais terem funcionado de forma simultânea. Sem dominar o tema, tentei inicialmente mergulhar no problema e buscar tudo que já havia sido publicado sobre as falhas. Comecei a fazer uma linha do tempo de todos os problemas dos novos trens, que incluíam um descarrilamento de um dos veículos em abril de 2015. Conforme ia entendendo a complexidade do assunto, passei a intuir que, jornalisticamente, a história só melhorava – e busquei aliados importantes para a apuração.

O Ministério Público Federal tinha uma apuração aberta sobre o caso. Procurei o colega Humberto Trezzi, que já tinha contato com o procurador responsável pelo inquérito, e pedi que me apresentasse a ele. Trezzi e eu fomos juntos até a sede do MPF em Novo Hamburgo para uma primeira conversa. Aquele contato, e outras conversas com o procurador, foram fundamentais para a apuração. O MPF tinha uma linha do tempo organizada sobre a série de falhas que levaram à inoperância dos trens. Lendo e relendo o inquérito inúmeras vezes, comecei a juntar as peças daquele quebra-cabeça, consegui informações que mostravam muito além do que já havia sido escrito e publicado a respeito e passei a mergulhar de verdade no tema.

Como as recorrentes falhas dos veículos eram noticiadas pelo colega Jocimar Farina, da Rádio Gaúcha, também o convidei para a apuração. A partir dali, tínhamos três repórteres na história. Fui algumas vezes ao Sindicato dos Metroviários, em Porto Alegre, em busca de informações sobre a pane dos trens. Tinha interesse em conversar com os condutores da Trensurb, entender como era dirigir trens com falhas, saber da experiência sobre trilhos com veículos que não ofereciam a segurança que deveriam; era uma forma de humanizar a história e de me aproximar de mais fontes. Nessas visitas, conheci pessoas que me apresentaram a frota parada no pátio da Trensurb.

Era um desejo meu visitar os trens parados e enxergar as falhas descritas na investigação do MPF. Pela descrição do inquérito, tinha uma ideia do que era, mas vendo ao vivo era totalmente diferente. Para contar bem essa história, precisava minimamente ver, entender e conversar com quem lidava com essas falhas no seu cotidiano. Não tinha qualquer intimidade com o assunto, não entendia de mecânica de trens, não fazia ideia de quais testes eram necessários para dar liberação aos veículos. Com a ajuda de funcionários da Trensurb, entrei algumas vezes no pátio onde os trens fora de operação estavam estacionados e conheci a oficina da Trensurb.

Para não chamar atenção, minhas visitas ao pátio da Trensurb eram feitas à noite. Entrava na sede da empresa nos carros dos servidores, sem chamar atenção de seguranças. Lá dentro, acabava circulando como se um deles fosse. Nessas visitas, fiz fotos, vídeos e conversei com funcionários, tudo foi usado na reportagem.

Retornei outras vezes durante o dia, uma delas com o fotógrafo Jefferson Botega para fazer as fotos da reportagem, quando o cenário já era familiar e eu já havia identificado os trens mais danificados. Em outra oportunidade, acompanhei o repórter da RBS TV, Jonas Campos, na gravação da versão para a RBS TV da reportagem, e também indiquei a ele os pontos mais críticos de cada veículo.

Na primeira reportagem publicada, detalhamos as vinte principais falhas dos trens, não só apontando cada "defeito de fábrica", mas também traduzindo-as ao leitor; esquadrinhamos todo o problema e explicamos o que aquela falha significava. Contamos também a rotina de transtornos dos passageiros com os problemas técnicos dos únicos quatro trens que estavam rodando na época da apuração, ouvimos condutores dos trens, que relatavam medo ao conduzir os veículos, mostramos como a compra foi feita de forma apressada e ouvimos o representante da Trensurb, que avalizou a licitação.

A publicação da primeira reportagem me levou a um outro momento da apuração. A repercussão da história, divulgada em *Zero Hora*, *Diário Gaúcho*, GZH e Rádio Gaúcha, me deu a oportunidade de ter contato com novas fontes na Trensurb, que passaram a me encaminhar uma série de informações sobre os novos trens que eu ainda não tinha. As primeiras matérias mostraram uma face inicial do problema, mas tinha mais coisa por vir.

A principal informação que publicamos sobre esse assunto surgiu depois das primeiras matérias publicadas. Tive acesso a documentos que apontavam que, treze dias antes de assinar o contrato da compra de quinze novos trens, a Trensurb concordou em abrir mão de testes que poderiam ter identificado e evitado problemas que impediam o uso da maior parte da frota. A Trensurb havia optado por não fazer a validação final do projeto do trem, abrindo mão, por exemplo, de fazer ensaios dinâmicos na via em que os veículos operariam. Eram testes decisivos que analisariam, entre outros aspectos, o comportamento do trem em curvas. A reportagem publicou todos os documentos que comprovavam as informações e algumas trocas de e-mail. A história ganhou, a partir daí, mais corpo. Conseguimos comprovar que houve açodamento da empresa para colocar os trens para operar mais rapidamente em 2014.

Quanto mais matérias saíam, mais informações chegavam até a redação e o assunto ia crescendo. A partir daí, a reportagem passou a noticiar o que nem o MPF tinha em seus inquéritos. A sequência de matérias motivou a Trensurb a se mexer. O Conselho de Administração pediu abertura de sindicância para verificar eventuais irregularidades na compra dos novos trens. Em maio de 2021, retornei ao tema. Os trens já não tinham mais falhas graves como as relatadas em 2018, mas pendências técnicas ainda impediam que os carros fossem acoplados entre si, o que dá mais espaço aos passageiros.

A série de reportagens teve reconhecimento interno na RBS e externo. Na RBS, recebemos o prêmio de melhor reportagem na categoria investigação e levamos o primeiro lugar na categoria jornal impresso no prêmio da Confederação Nacional de Transportes (CNT), um dos mais respeitados do país.

O processo de apuração, edição e publicação de matérias do GDI é especialmente interessante para repórteres em formação. Primeiro porque se aprende o tempo inteiro. Até quando não se está envolvido numa apuração, mas ao ouvir colegas trabalhando, falando ao telefone com fontes, tratando das estratégias de investigação, discutindo pauta com editores ou mesmo "vendendo" uma história. Nada se perde nesse processo. Se um repórter for colocado apenas para observar repórteres do GDI trabalhando, sem fazer nada além disso, ele já sairá diferente da simples experiência de observar. Eu tive um pouco mais de sorte e consegui não só observar, como conviver, participar de diversas investigações e conduzir minha própria investigação nos três anos e nove meses em que integrei o grupo.

Uma nova geração

O depoimento da Jeniffer, a conversa com Etchichury e com outros editores da redação integrada me desenharam um plano para responder ao desafio da Marta Gleich de formar uma nova geração de repórteres investigativos. Cada coordenador de área me sugeriu um repórter que tivesse o perfil e a vontade de trabalhar no grupo. Montamos uma equipe mista. Além de repórteres com dedicação exclusiva, agregamos profissionais que são chamados a colaborar quando há algo a ser investigado em suas editorias. Assim, Rafael Diverio (Esporte), William Mansque (Variedades), Alberi Neto (*Diário Gaúcho*) e Lucas Abati (Rádio Gaúcha) se uniram para garantir outro pressuposto dado pela diretora de Jornalismo e Esporte da RBS: pluralidade de temas. Enquanto buscam assuntos em suas próprias editorias, alguns deles já participaram de reportagens com outros colegas e passaram a trocar ideias, técnicas e enfoques com integrantes mais experientes. Alberi e Mansque, por exemplo, auxiliaram o premiado repórter Humberto Trezzi na série de reportagens sobre colombianos instalados na Região Metropolitana de Porto Alegre e que praticavam contravenções penais como jogatina ilegal e agiotagem. Neste contexto, tiveram suas primeiras experiências com câmeras e gravadores ocultos, elementos que se tornaram fundamentais na reportagem que foi ao ar em junho de 2023 e que resultou em ações da Polícia Civil e do Ministério Público.

– No GDI, o fator que mais me chama atenção é o trabalho em equipe. Ninguém toca uma investigação sozinho, é bem difícil. Ao menos em algum ponto do caminho a gente precisa da ajuda de algum colega. Seja para uma entrevista, uma campana, um flagrante com câmera escondida, uma parceria para escavar dados em documentos públicos, ou qualquer um dos outros tantos processos que envolvem a investigação jornalística. Para mim, como alguém que ainda engatinha nesse lado da profissão, é uma oportunidade de auxiliar colegas com muito mais "cancha", como costumamos dizer. Ao mesmo tempo, quando tenho um empecilho na minha apuração, ter a experiência de nomes consagrados do jornalismo investigativo para pedir ajuda torna a jornada menos árdua – diz Alberi, que ligou para colombianos para pedir explicações dos empréstimos que eles faziam para pequenos comerciantes de Canoas e arredores.

Tanto Alberi quanto Mansque não se enquadram na categoria de "foca" ou de jornalista inexperiente. Alberi, por exemplo, coleciona distinções desde o tempo de universidade e repete essa trajetória nos seus sete anos de *Diário Gaúcho*. Venceu o Prêmio Ari de Jornalismo Geral em 2022, com uma reportagem sobre o impacto da pandemia na educação oferecida a crianças em escolas públicas. Mansque trabalha no Segundo Caderno de *Zero Hora* desde 2016, sendo uma das referências em reportagens do setor.

– Creio que participar da reportagem sobre a jogatina ilegal foi uma das experiências mais enriquecedoras e significativas que já tive no jornalismo. Foi minha estreia no GDI. Representou um momento de sair de uma zona de conforto e trabalhar com outras práticas. Sobretudo, foi uma oportunidade para absorver aprendizados em campo de profissionais do porte de Humberto Trezzi e do fotógrafo Ronaldo Bernardi – afirma Mansque.

A renovação do grupo também tem o objetivo de garantir que as reportagens sejam ainda mais valorizadas em todas as plataformas. Convidamos editores importantes da Rádio Gaúcha, da RBS TV e de GZH para que o debate tenha mais vozes e ideias e para que eles sejam guardiões do conteúdo também em seus veículos. Uma pauta que surge no GDI tem de nascer pensada para ser usada por toda a redação integrada. Não há mais espaço para que uma matéria feita por um repórter originalmente de jornal não se preocupe sobre como ela será veiculada na TV ou no rádio. Ou para um profissional da TV não ter uma versão para o impresso ou para o site. Além de participarem desde a reunião de pauta, Michelle Guerra (RBS TV), Leandro Brixius (GZH) e Paulo Rocha (Rádio Gaúcha) são os responsáveis por disseminar informações e conteúdos em suas equipes, colaborando com orientações sobre horários de veiculação e programas em que o material possa ser mais valorizado. Não custa lembrar que o GDI já nasceu integrado na RBS.

– A integração com todos os veículos é fundamental, a troca de informações, tudo é muito importante. Faz com que a gente trabalhe cada vez mais junto e, principalmente, reúna forças em assuntos de extrema relevância. Trabalhar desde o início em um assunto, focando na necessidade do veículo, só veio a agregar para todos – afirma Michelle Guerra, chefe de reportagem da RBS TV.

A nova geração dá seus primeiros passos, comemora pequenos avanços. Integração e protagonismo forjado em décadas de história de investigações talvez sejam os dois pilares que mais nos inspiram a fazer jornalismo de qualidade. Além, é claro, da necessidade de estar sempre pronto para responder à pergunta do mestre Carlos Wagner:

– Piá, com o que tu estás mexendo?

O repórter sem rosto

*Giovani Grizotti**

Criança, eu costumava sair pelas ruas de Barros Cassal, a cidade onde nasci, fazendo "entrevistas", brincando de ser repórter. Recordo de uma de minhas referências, o *RBS Cidade*, quadro em que uma equipe da RBS TV saía pelas ruas para mostrar os problemas da comunidade. Eu simulava a câmera com uma caixa de sapatos escorada no ombro. Também brincava de fazer entrevistas pelas ruas da cidade. Cheguei até a montar um piloto de jornal, todo datilografado. Mas faltava a gráfica, recursos. Ficou no papel.

Até me mudar para Capão da Canoa, aos dezessete anos. Foi quando resolvi assistir a uma sessão da Câmara de Vereadores, estimulado por um grupo de alunas do curso de Relações Públicas da PUCRS, que realizava um trabalho no sentido de conscientizar as comunidades para que exercessem a sua cidadania. Acreditava que, naquele momento, nada mais cidadão do que fiscalizar o trabalho dos nossos representantes no Legislativo.

Numa determinada noite, então, testemunhei algo que me deixou espantado: um vereador, em tribuna, completamente bêbado. Como pode? Resolvi protestar, redigindo uma

* Repórter do Grupo RBS.

carta ao *Jornal de Capão*, semanário que existia à época. Para minha alegria, o texto foi publicado, em um canto de página. "O que mais impressiona é que este comportamento anormal já se estende por três gestões consecutivas", escrevi.

A partir daí, por sugestão minha ao dono do jornal, passei a assinar uma coluna sobre temas variados, mas com foco na política.

Desde pequeno, sabia que meu gosto era pela comunicação. Então, o primeiro passo estava dado. A partir de então, passei a projetar meu futuro. E trabalhar com novas perspectivas, e com a palavra "sonho". "Só quem sonha, realiza", eu pensava. E meu primeiro sonho era trabalhar na emissora local, a Rádio Horizonte.

Depois de participar de um programa como representante da juventude do PTB em Capão da Canoa, lá estava eu, contratado e preparando reportagens policiais, a partir de uma unidade móvel. Claro, imediatamente me desfiliei do partido e me dediquei exclusivamente ao jornalismo.

Venda de carteiras de motorista

Foi quando recebi uma denúncia sobre venda de carteiras de motorista. Com um gravador escondido na jaqueta, gravei um despachante fazendo a oferta. E levamos a denúncia ao ar. Foi grande a repercussão. Na época, o material foi aproveitado pela Rádio Gaúcha (a fita magnética, que era como os áudios eram armazenados, foi enviada via ônibus, pela rodoviária, até Porto Alegre).

Depois disso, fui convidado para trabalhar no Grupo RBS, e nesse momento o perfil de investigar fatos acabou se consolidando. Recebi uma nova denúncia, desta vez numa cidade da Grande Porto Alegre, e consegui gravar a oferta de uma CNH, por telefone, pelo próprio policial.

Foi um escândalo, e esse flagrante acabou fazendo com que o governo do estado decidisse reformular o Detran, tornando-o uma autarquia desvinculada da Polícia Civil. "Não dá mais para segurar", declarou, à época, o então secretário da Segurança, José Fernando Eichenberg.

Essa reportagem, levada ao ar pela Rádio Gaúcha em 1996, acabou se tornando uma referência para que outras pessoas me procurassem para relatar outros fatos. E, assim, desenvolvíamos na emissora algo que não era comum no meio rádio: a investigação. Mas uma denúncia ficaria mais consistente se veiculada com imagens, no meio televisão. Além disso, poderia ter maior repercussão e, por consequência, atingir um maior número de pessoas.

Foi isso que passei a buscar. Por pouco, não consegui um espaço na Globo, em Brasília. Estava tudo acertado com o então diretor, o gaúcho Mário Marona. Antes de bater o martelo, tentei uma vaga na RBS TV. Pelo menos naquela hora, eu pretendia ficar no Rio Grande do Sul. E deu certo.

O acerto com o então diretor Raul Costa Jr. era de que eu nunca mostraria o rosto, justamente para me infiltrar nos mais diversos ambientes, sem ser reconhecido. "Tu vais ser tipo o Geneton Moraes Neto, do *Fantástico*", observou o Raul.

Achei estranho. Repórter de TV sem mostrar o rosto? Mas funcionou, e hoje não me imagino trabalhando de outra forma. Mas, quando se fala em alcance, impacto e resultados, nada no meio televisivo se compara ao *Fantástico*. Além de ter uma audiência ampla e qualificada nas noites de domingo, o programa tem uma linguagem que permite explorar as mais diversas nuances de um assunto.

E mais: os temas mais explosivos sempre eram abordados de uma forma a "escancarar" uma realidade da forma mais "fantástica possível", sempre com a finalidade de expor as consequências absurdas que um determinado crime ou fraude poderiam acarretar. E, assim, me espelhei na forma de trabalhar do Eduardo Faustini, "repórter sem rosto" que, assim como eu, optara por não expor sua identidade visual.

Inspirado na escola do mestre que "enterrou até morto" para desnudar a máfia das funerárias, passei a investir nessa sistemática de trabalho. Entre tantas denúncias que recebi, uma teve um significado especial: laudos que aferem as condições de rodagem de ônibus de turismo estariam sendo negociados por uma oficina mecânica credenciada ao Daer, sem a realização de qualquer vistoria.

Laudos irregulares

Assim, pensei: e se a gente conseguisse um laudo para uma sucata de ônibus? Imagina só, tentar localizar uma carcaça, em algum ferro-velho, que não tenha bancos, pneus, sem motor... E dar a ela documentos, como se estivesse em perfeitas condições de rodagem.

Esse era o plano: "legalizar" um amontoado de aço enferrujado. Identificamos uma sucata no Vale do Caí. Era perfeita: vidros quebrados, motor danificado, pneus carecas.

Literalmente apodrecendo. Anotei as placas, o chassi, e marquei encontro com o engenheiro mecânico dono da oficina, localizada em Porto Alegre.

Com uma câmera escondida (era no formato de maleta de *notebook*), fui até o local e me apresentei como dono de uma pequena empresa de turismo localizada no interior, sem condições de trazer o ônibus presencialmente. De imediato, o engenheiro me chamou para a sala de estar de sua casa, utilizada como escritório, e, diante de uma máquina de escrever, começou a coletar os dados do tal ônibus.

Aos poucos, ele foi preenchendo o documento com os dados da placa e chassi, e, ao lado de cada item de segurança, anotava um "ok": freios, pneus, suspensão, câmbio, vidros, portas... Naquele momento, uma carcaça de ônibus estava ganhando o aval de um engenheiro credenciado junto ao órgão que fiscaliza o transporte de passageiros no Rio Grande do Sul.

Mas ainda faltava algo do tipo "olha o que vocês fizeram, senhores do Daer". Então, surgiu a ideia de guincharmos a sucata até a sede do departamento, na movimentada Avenida Borges de Medeiros, em Porto Alegre. Para isso, locamos um guincho e contratamos um helicóptero para gravar todo o trajeto da sucata, entre o ferro-velho e a sede do departamento.

Chegando ao Daer com a sucata guinchada, arranjamos um pretexto para o diretor-presidente descer do gabinete até o andar térreo, de onde é acessada a rampa que vai até a avenida. Ao chegar na frente do prédio, diante da inusitada cena de um amontoado de aço enferrujado sobre uma plataforma, explicamos a situação, câmera gravando, e, espantado, o dirigente anunciou a abertura de uma investigação.

Essa é daquelas reportagens que repercutem e ganham relevância devido a diversos fatores. Primeiro, por ter sido veiculada no *Fantástico*, que entendo ser o programa jornalístico de maior visibilidade da televisão. Segundo, pela forma como a narrativa foi construída.

Claro, a consequência de uma investigação jornalística é a responsabilização criminal e a realidade que ela transforma, especialmente no sentido de corrigir os problemas mostrados. Nesse caso, além do engenheiro vendedor de laudos ter sido condenado pela Justiça, todo o sistema de vistorias foi aperfeiçoado. Desde então, não recebemos novas denúncias sobre o tema.

A veiculação de uma grande reportagem investigativa geralmente estimula o surgimento de outras denúncias, nas mais diversas áreas. É um efeito cascata. Quem tem a informação percebe um canal que considera seguro para revelá-la, e entra em contato. Atualmente, as redes sociais são o principal canal entre o meu trabalho e o público.

Turismo com dinheiro público

Mas tem vezes em que um grande assunto parte da percepção da realidade no entorno do repórter. Ainda lá em Capão da Canoa, na década de 1990, eu costumava denunciar altas despesas com viagens de vereadores na Câmara pelos chamados "trenzinhos da alegria". Esse assunto sempre despertava a minha curiosidade: como eram esses tais "seminários" de que os vereadores alegavam participar, até então, sempre sediados em cidades turísticas?

Foi então que surgiu a ideia de participar desses eventos. Mas, para não despertar desconfiança, era preciso uma estratégia. Assim, iniciamos várias frentes, viajando por sete estados brasileiros. Eu embarquei para Recife, para onde estava programado um curso com vereadores de todo o Brasil. Meu repórter cinematográfico Giancarlo Barzi viajou para Belo Horizonte.

Outro destino foi Foz do Iguaçu. Nesse seminário, decidimos "infiltrar" um ex-funcionário de uma câmara na Grande Porto Alegre. Ele conhecia bem a realidade dessa farra, tinha boa conversa, era o personagem ideal para não despertar suspeitas. Assim, nosso "funcionário" viajou para a cidade das Cataratas, vizinha ao polo de compras Cidade do Leste. Estacionamos uma van na frente do hotel do evento, logo cedo. Lá estavam também, sob a proteção de janelas com película, o Ronaldo Bernardi, fotógrafo de GZH, e nosso repórter cinematográfico André Maciel.

Foi uma festa. Os vereadores nem assistiram às aulas, e até o professor participava dos passeios e das compras. No final, nosso infiltrado apresentou um nome *fake* para receber o diploma: Roque Santa Cruz, atacante da seleção paraguaia de futebol. Ninguém desconfiou.

No último dia, fizemos aquele momento tão esperado nas reportagens do *Fantástico*: a hora da verdade. Depois de tudo gravado, abordamos um vereador de Triunfo, realizando compras no Paraguai, em pleno horário de aulas. Após a primeira pergunta, microfone em punho, ele saiu correndo desesperadamente. Foi uma das primeiras "corridinhas", que é aquele momento em que a mente de um criminoso entra em curto-circuito depois do confronto com a câmera de televisão.

Essa abordagem de surpresa repercutiu entre os vereadores farristas. Tudo captado pelo nosso funcionário secreto. Preocupado, o professor explicou ao nosso infiltrado a desculpa que daria ao repórter, para justificar a ausência dos vereadores nas aulas. "Nós flexibilizamos o horário de cursos", declarou, sem saber que era gravado por uma câmera escondida.

Conforme a tal "flexibilização", as aulas no turno da manhã, por exemplo, aconteceriam das 8h às 9h. Mas, como a reportagem demonstrou, nem isso aconteceu. O professor ainda pediu que o aluno, o nosso infiltrado, devolvesse o diploma que recebeu, sem assistir às aulas. Combinamos com o aluno *fake* que ele faria, de fato, a devolução, mas de uma cópia, o que de fato ocorreu. Segundos após a entrega, toda filmada, entramos em ação, mais uma vez, com o microfone na mão direita e o diploma falso, na esquerda. O professor ainda tinha nas mãos o envelope com o diploma devolvido.

– O senhor não entregou o diploma em troca de R$ 300?

– Não, senhor.

– O senhor nega?

– Eu nego – ele respondeu.

Após a repercussão do escândalo, no *Fantástico*, Polícia Civil e Ministério Público abriram investigação, tendo como ponto de partida a principal prova: o diploma original, em nome do então atacante da seleção paraguaia.

Em Triunfo, a ação judicial resultante da reportagem acumulou mais de setenta réus, após uma investigação que vasculhou as prestações de contas de vereadores e servidores nos anos anteriores à denúncia. E eu, como autor da reportagem, acabei me tornando testemunha nos processos criminais.

Lembro que, nos anos seguintes, cheguei a participar de duas audiências em uma única semana. Nessas horas, a advogada Débora Dalcin, do departamento jurídico da RBS, costuma requerer ao juiz que o réu seja retirado da audiência, para evitar constrangimento e exposição indevida. Aliás, sempre fiz questão de participar desse momento, afinal, falar diante do juiz nada mais é do que confirmar tudo aquilo que foi exposto na televisão. Diria até que é uma obrigação ética do jornalista.

Esse trabalho de gravar uma reportagem sem exibir o rosto do repórter desperta muita curiosidade das pessoas, que já me imaginaram de tudo o que é jeito: magro, gordo, negro, jovem, velho... "Eu te assisto na tevê, achei que tu fosses diferente" é uma das frases mais comuns. Difícil imaginar a forma física de alguém exclusivamente a partir da voz. Assim, surgiu também entre alguns criminosos a intenção de me expor para alertar os comparsas sobre minha aparência física.

Criminosamente, alguns deles conseguiram acesso à minha foto a partir de bancos de dados oficiais, como o da Secretaria de Segurança Pública. O episódio mais curioso aconteceu enquanto eu preparava uma reportagem sobre a venda de cheques clonados, numa época em que as transações online ainda eram incipientes.

Era a década de 1990, e eu entrei em um escritório de golpistas que negociavam o chamado "kit fraude", formado por cheque e identidade falsa. O rapaz estava atrás de um balcão, digitando em um computador e de costas para mim, quando indaguei sobre o esquema. Ele informou o preço, quanto tempo levava até o "kit" ficar pronto, até que resolveu virar a cadeira e olhar para o meu rosto.

O movimento de seus olhos mostrava que o estelionatário comparava minha imagem com algo que estava na parede, à minha esquerda. "Tem algo estranho nessa parede", pensei. E, quando me virei para a parede ao meu lado, percebi minha foto ampliada, a mesma da carteira de identidade, estampada em um cartaz. Tive uma reação imediata, uma pergunta:

– Parecido comigo este cara, né? – e dei uma risadinha.

O golpista respondeu com um sorriso amarelo.

– É – ele disse.

E saí de fininho daquele lugar. Minha reação não foi de medo. Entendi que, naquela hora, o objetivo do falsário era evitar um possível flagrante. E isso ele conseguiu.

Assim que deixei a sala, telefonei para o então secretário da Segurança, que mandou abrir inquérito. Como o sistema é auditável, a apuração apontou que, nos três meses anteriores, mais de sessenta vezes haviam acessado meus dados no sistema de informações da secretaria.

Todos os responsáveis pelas consultas foram chamados a se explicar, e sete deles não conseguiram dar uma justificativa convincente. Foram indiciados por um crime chamado "violação de sigilo funcional", com pena que varia de seis meses a dois anos de prisão, mais multa, em caso de condenação.

Roubo de celulares

Outra reportagem marcante viralizou nas redes sociais e, com alguma frequência, é republicada por influenciadores. O flagrante aconteceu em dezembro de 2017, quando tivemos a ideia de rastrear um celular roubado, com o uso de um aplicativo espião. O especialista em tecnologia Ronaldo Prass nos indicou uma ferramenta incrível que permite, remotamente, capturar áudio, vídeo, tirar fotos e até identificar a rede *wi-fi* utilizada pelo celular em que está instalada.

Compramos, então, um celular numa loja e instalamos o aplicativo. O próximo passo era escolher o local. Eu vinha recebendo denúncias sobre os furtos praticados na região da Avenida Voluntários da Pátria, conhecida pelo comércio popular, no centro de Porto Alegre. Então, resolvi servir de isca e colocar um celular com o aplicativo espião no compartimento externo de uma mochila. Como o zíper da mochila estava aberto, o aparelho ficava à mostra, e melhor: a capinha era cor verde-limão, muito chamativa.

Em cima do prédio mais alto da avenida, posicionamos o repórter cinematográfico Dalmir Pinto para gravar toda a ação, à distância. Para isso, utilizamos uma lente superpotente, dessas de coberturas esportivas. Por celular, triangulamos a comunicação da equipe: na linha estavam eu, o Dalmir, o Prass (que estava em São Leopoldo) e o Edmundo Fernandes, nosso auxiliar. E colocamos o time em campo.

Em poucos minutos, o celular verde-limão à mostra na mochila que eu carregava já despertara a cobiça de um casal de ladrões, que passou a me seguir. Alguns passos depois, o homem estendeu a mão até a mochila e furtou o celular. O aparelho foi rapidamente colocado sob um jornal dobrado, para disfarçar, e repassado à comparsa.

A ideia era seguirmos a dupla até o destino. Mas percebi que ambos estavam muito desconfiados, olhando para trás o tempo todo. Então, para não correr riscos, deixei que fossem embora. Ao mesmo tempo, o aparelho foi desligado, e somente à noite voltou a ser conectado à internet. Nossa ação, naquela tarde, repercutiu entre os bandidos.

– Eu vi o cara vindo, e entrei numa farmácia. Esperei ele passar, tu não vai pegar eu, eu vou embora – disse ela, em áudio gravado pelo aplicativo espião.

Seguimos monitorando a movimentação do aparelho, até que, dias depois, percebemos que o mapa indicava uma região central de Porto Alegre.

Pelo aplicativo espião, identificamos a rede *wi-fi* em que estava conectado: Conselho Estadual de Educação, que funciona no Centro Administrativo do Estado, a sede gerencial do governo gaúcho. Não é possível. Como o celular foi parar ali?

Fomos até o prédio e subimos até o andar onde funciona o tal conselho. Conferindo no meu celular, apareceu a rede *wi-fi* do colegiado. Era ali que a cúmplice estava. Logo em seguida, quase não acreditei: a vi, de uniforme e tudo, limpando uma sala. Era uma funcionária da empresa de limpeza que prestava serviços ao governo.

Pensei: como provar que a delinquente estava com o celular, de modo que eu pudesse comprovar a receptação? O aplicativo espião informou o número do chip que a mulher passou a utilizar após o furto. De surpresa, entramos na sala da limpeza, onde estava a mulher.

– Dona Nara?

– Sim.

– Nós somos da RBS.

– O que que eu fiz?

– Só um minuto, eu vou fazer uma ligação.

E disquei o número do chip instalado no celular furtado. Em seguida, a mulher percebeu o toque no telefone. E retirou o aparelho do bolso, levado imediatamente ao ouvido. Era o mesmo aparelho verde-limão. Eu ligo e o telefone toca.

– Tá chamando, a senhora não vai atender?

– Alô?

– Tudo bem?

– É tu, como tu tem (*o número do telefone*)?

– Esse telefone é meu!

– É?

– Foi roubado (*furtado*) no Centro. E a senhora tava junto.

– Eu, não.

– A senhora foi filmada.

Em seguida, mostramos a foto em que ela aparecia ao lado do comparsa, no centro de Porto Alegre. Ela saiu de fininho e, depois de muita insistência, devolveu o celular. Deixamos o prédio.

Em seguida, localizei o comparsa dela, que trabalhava como gari.

– Nem sei por que fiz isso. Tô arrependido – ele disse.

Máfia das próteses

Porém, em termos de resultados, poucos assuntos se equiparam à máfia das próteses, esquema pelo qual a indústria de próteses e materiais para cirurgias ortopédicas pagava comissões aos médicos que realizavam esse tipo de procedimento em troca do uso do material.

Essa investigação, de três meses, foi um divisor de águas nas relações entre indústria de próteses, médicos e poder público, resultando em três Comissões Parlamentares de Inquérito (Assembleia Legislativa, Câmara dos Deputados e Senado Federal), inquérito policial e processo no CADE.

Dessa vez, o trabalho foi mais apurado, pois, para desnudar essa prática, era preciso infiltração – me fazer passar por outra pessoa. Assim, surgiu o "Doutor Miranda", um ortopedista fictício que passou a frequentar congressos de medicina e até montou um consultório para receber os representantes dessas empresas. Mandamos imprimir até cartão de visitas em nome do profissional.

A pauta surgiu da Globo. Naquelas semanas, havia poucas histórias relevantes a apurar. E eu liguei para o Gustavo Vieira, então chefe de reportagem do *Fantástico*.

– Gustavo, não tem nenhum assunto-bomba aí pra gente apurar? Pode começar em outro estado, eu puxo pra cá... – ponderei.

Assim, mesmo que o tema inicialmente tivesse personagens fora do estado, eu poderia garimpar situações paralelas no Rio Grande do Sul e tornar o assunto relevante também para a audiência da RBS TV. Poucas semanas depois, ele me retornou convidando para uma reunião, no Rio de Janeiro, com um representante do setor de planos de saúde, parte prejudicada no esquema.

Depois do encontro, colocamos o "bloco na rua". Muito pouco do que foi apresentado na tal reunião foi aproveitado na apuração. Na verdade, o encontro serviu para eu entender como funcionava o esquema.

Um desembargador do Tribunal de Justiça me deu a dica que deflagrou toda a apuração: uma suspeita sobre processos judiciais que obrigavam o plano de saúde dos servidores do estado, o IPÊ Saúde, a bancar próteses importadas para os segurados. Aqui, um parêntese; é por isso que digo que a fonte é o maior patrimônio de um repórter. Esse magistrado poderia repassar a suspeita ao Ministério Público, Polícia Civil... Mas preferiu dar a dica a um jornalista.

O resultado dessa informação foi a descoberta da fraude dos três orçamentos, exigidos pelo Judiciário nesse tipo de ação, para que o magistrado possa escolher o de menor valor, determinando, assim, a sua compra. Descobrimos que as empresas combinavam preços para decidir quem iria fornecer o material. Tudo em conluio com médico e advogado.

Conseguimos comprovar até o uso de documentos falsos, assinaturas forjadas de pacientes que sequer sabiam da judicialização das cirurgias. Depois, seguimos em busca de exemplos pelo Brasil. Em Florianópolis, montamos um consultório para receber um vendedor de próteses que pagava 20% de comissão a médicos em troca da indicação dos materiais.

O Doutor Miranda, personagem que criei, viajou por diversos estados se fazendo passar por médico ortopedista para participar de congressos de medicina onde fabricantes de próteses expõem seus produtos. Foram vários flagrantes de ofertas de comissão, feitos pelos fornecedores.

Na etapa final, depois de registrar todos os flagrantes e reunir as provas, começamos a gravar com especialistas e entidades de classe. Como esperado, o assunto começou a circular e acabou vazando para os integrantes do esquema.

Como etapa final da investigação, marquei encontro com um dos vendedores que tinha flagrado em um congresso de medicina, para a "hora da verdade", o tradicional confronto com a câmera da RBS TV. O pretexto era fechar o acordo inicialmente combinado durante o evento. Ele manteve o combinado, pagamento de 20% sobre as próteses utilizadas nas cirurgias do "Doutor Miranda". O vendedor comentou, no final da conversa:

– Ano que vem vai estourar tudo. Ontem a gente teve a informação de que em meados de janeiro o *Fantástico* vai fazer uma reportagem com duas especialidades mostrando como funciona esse mercado – explicou.

Mal ele sabia, mas estava diante do autor da reportagem. Meu cinegrafista naquele dia estava avisado: quando eu enviasse uma mensagem via WhatsApp, ele deveria aparecer com a câmera. E essa foi a hora. Assim que o vendedor falou da "novidade" que descobrira, o meu colega apareceu e me passou o microfone.

– Nós somos do *Fantástico*, o que o senhor tem a dizer?

Mas ele não disse nada. E saiu em disparada. Foi mais uma, entre tantas corridinhas.

Jornalismo catártico

*Carlos Rollsing**

Investigação jornalística requer paciência, determinação, responsabilidade e uma obsessão pelos detalhes. A denúncia jornalística envolve pessoas, marcas e reputações, o que torna imensa a responsabilidade da publicação. Há ocasiões em que o ritmo das descobertas é lento e sofre travas, esbarramos em paredes que parecem intransponíveis, o processo se alonga e isso pode trazer junto a ansiedade. Por vezes, é preciso reconhecer que a apuração não chegou a lugar algum e não existe reportagem a ser publicada. Um trabalho de semanas ou meses pode se esvair. Vem, na sequência, a frustração. Trago essa breve reflexão para apontar que o jornalismo investigativo também envolve saber lidar com emoções e pressões. É preciso ter o couro duro, como se diz popularmente, e estar disposto a incômodos. Ter um certo medo do erro é saudável. Isso sempre me levou a checar repetidamente, de forma quase doentia, os detalhes das reportagens de que participei desde antes da fundação do GDI. Foram incontáveis as noites em que sonhei com apurações jornalísticas pendentes, com fatos a serem verificados no dia seguinte, sem falar nos pesadelos em que algo tinha dado seriamente errado.

---

* Repórter do Grupo RBS.

Comecei abordando as dificuldades de fazer jornalismo investigativo, os desafios e as frustrações, mas é catártico quando uma reportagem avança e obtém impacto social. É transformador porque força correções daquilo que está errado. Chega a nos lembrar das ingênuas utopias sobre mudar o mundo. É uma descarga de emoções em que transbordamos alívio e orgulho. Uma efêmera sensação de poder. Percebemos que nosso trabalho é importante e útil para a sociedade. O reconhecimento recompensa. Somadas a uma dose de idealismo, são essas sensações que sempre me motivaram a continuar fazendo jornalismo investigativo todas as vezes em que me senti esgotado e desejei parar.

Na sequência, recordo métodos, curiosidades e episódios relacionados a algumas das reportagens investigativas que publiquei pelo Grupo RBS.

Submundo das lutas

Sou da linha dos que consideram os bares alguns dos melhores lugares do mundo. Bar é lugar de ser feliz e de curar a dor. E também de fazer jornalismo. Sim! Estávamos no segundo semestre de 2014 quando marcamos uma reunião de repórteres e editores que lidavam com temas investigativos no Porta Larga, um estimado boteco bem perto de *Zero Hora*, na Avenida Erico Verissimo.

Lembro que participaram o Humberto Trezzi, o Rodrigo Lopes, o Carlos Etchichury, o José Luís Costa e o Carlos Wagner. Foi uma longa noite. Em boa parte do tempo, tomamos cerveja, beliscamos uns comes e falamos bobagem. Mas também se tratou de jornalismo. E rendeu. Tudo rende mais no bar. Dias antes do encontro, uma colega havia me comentado na redação de *Zero Hora* sobre a trágica história de uma jovem de Canoas que havia ficado em estado vegetativo após participar de um campeonato de muay thai em Porto Alegre. Ela tinha poucos meses de experiência na arte marcial e foi escalada pelos organizadores do torneio para lutar com uma atleta mais experiente. Na hora do duelo, com autorização do árbitro, acordaram em retirar o capacete de proteção do crânio. A jovem suportou os *rounds*, mas levou muitos golpes na cabeça. No vestiário, sentiu-se mal, desmaiou e as equipes de socorro e da organização negaram o transporte ao hospital em ambulância. Amigos providenciaram o deslocamento e ela recebeu o atendimento, mas já era tarde. A jovem sofreu hemorragia e acabou condenada a uma cama, em estado vegetativo.

Essa história estava martelando há dias, e comentei sobre ela na reunião no Porta Larga. Houve consenso de que era necessário descortinar esse mundo alternativo das artes marciais, muito distante do *glamour* das milionárias competições que eram transmitidas na TV, transformando os vencedores em celebridades globais. A leitura de que a apuração acabaria envolvendo também os torneios amadores de MMA – artes marciais mistas – nos entregou a pista de que seria uma história com apelo junto ao público. Foi assim que delineamos, naquela noite no Porta Larga, o que viria a ser a série de reportagens "O submundo das lutas".

Em 2014, a redação de *Zero Hora* estava dividida em dois núcleos. Um de produção para o jornal impresso e outro para o digital. Eu era do impresso. Como a ideia envolvia a gravação de vídeos, entendemos que seria interessante somar à equipe um repórter da plataforma digital. Adicionar um colega à apuração foi visto como salutar também para que eu tivesse um apoio no trabalho de infiltração. O Etchichury, que à época coordenava o digital, escalou o repórter Maurício Tonetto para fazer o trabalho em parceria. Eu tinha relação profissional com o Tonetto até então. Ao final do processo, nos tornamos bons amigos.

Começamos verificando detalhes sobre os organizadores do torneio de muay thai em que a jovem saiu condenada a uma cama. Pesquisamos seus históricos, onde davam aulas de artes marciais, os campeonatos que já haviam organizado, as federações a que eram filiados. Passamos também a esmiuçar as relações interpessoais dos frequentadores do circuito de luta em Porto Alegre. Parte desse trabalho foi feito com pesquisa em redes sociais, até que alcançamos três fontes de dentro do mundo do muay thai e do MMA. A partir de então, com acesso a informações detalhadas, conseguimos estabelecer um mapeamento sobre quem era quem, o que faziam e o que já tinham feito. Uma policial civil que havia investigado casos anteriores de brutalidades em academias e torneios nos deu dicas valiosas.

À luz – ou à sombra – da trágica história da jovem que nos motivava, pretendíamos mostrar como os campeonatos eram organizados sem nenhum critério, acompanhamento de instrutor ou preocupação com o nível de preparo dos atletas no casamento das lutas. Ou seja: bastava pagar uma taxa de inscrição ao organizador do torneio para garantir um lugar no *card*. Tudo se resumia, no final, à arrecadação. Não importava se o sujeito era sedentário, se havia começado ontem na arte marcial ou se existia o risco de ele ser colocado para lutar contra um adversário de nível muito superior.

Outro aspecto era mostrar como qualquer pequeno grupo de pessoas, sem qualquer regulação, conseguia criar um CNPJ e abrir uma federação de arte marcial, passando a organizar campeonatos e a ofertar a praticantes a compra de graduação – no muay thai, o cordão que indica a faixa do lutador é chamado de *prajied*.

Eu e o Tonetto mergulhamos nesse mundo. Frequentamos por cerca de um mês a academia em que um dos envolvidos no caso da jovem estava dando aulas de muay thai. Monitoramos, assistimos e gravamos em vídeo os campeonatos. Presenciamos desníveis gritantes nas lutas, atletas vomitando e tendo mal-estar após os confrontos, sofrendo lesões, sem uma ambulância disponível para os levar até o hospital. Com dicas preciosas sobre a linguagem a ser adotada nos diálogos, contatamos dirigentes de federações de muay thai com atuação no Rio Grande do Sul. Eu e o Tonetto não sabíamos nada desta arte marcial, jamais havíamos praticado, mas obtivemos a promessa de venda do *prajied* de professor ou instrutor com três dentre quatro mestres consultados. Não se exigia nenhum exame para alcançar a alta graduação. Bastava mencionar o nome de um mestre qualquer com quem supostamente já tínhamos tomado alguma lição. O interlocutor se dava por satisfeito e assegurava que poderia vender a certificação de grau. Em um dos casos, resolvemos levar adiante para comprovar a venda sem nenhuma exigência. Fomos até Cidreira, no Litoral Norte, onde um homem detinha uma federação e dava aulas numa academia. Após concretizada a negociação prévia por e-mail e telefone, nos encontramos pessoalmente na cidade litorânea. Por dois salários mínimos da época, ele me entregou um *prajied* de cor preta. Eu estava apto a ser professor e ter minha própria academia de muay thai. Poderia expor um quadro na parede como filiado daquela federação, organizar campeonatos de artes marciais e eventos de graduação. Nem sequer um chute no ar o homem me pediu para dar. O Tonetto fez fotos do sujeito me entregando o *prajied* e o certificado de grau preto, na singela cerimônia da minha graduação.

O golpe final seria um campeonato de MMA em Porto Alegre, em uma academia da Zona Norte. Eu já havia sido escalado para lutar um torneio apenas com o pagamento da taxa de inscrição, mas não havia comparecido. Desta vez, a intenção era pagar a taxa, fazer o registro da inscrição, cumprir a pesagem e lutar. Mostrar que qualquer despreparado poderia fazer isso, independentemente das consequências, desde que pagasse a taxa.

Fizemos o procedimento, sempre registrando em áudio e vídeo com o auxílio da câmera oculta, e nos preparamos para o dia da luta, um sábado. Na semana da competição, foi divulgado o *card* e eu, à época um sedentário roliço, estava escalado para o *co-main event*, o coevento principal. Eu faria a segunda luta mais importante no octógono. Meu adversário era um aspirante a lutador profissional que já tinha currículo em plataformas especializadas de MMA. Na apuração jornalística, tínhamos tomado conhecimento de que era comum lutas desiguais serem casadas em torneios do circuito amador para inflar os números dos aspirantes a profissionais com vitórias, na expectativa de que recebessem chances em organizações maiores.

Quando mostrei meu oponente aos editores Nilson Vargas e Dione Kuhn, eles ficaram preocupados. O sujeito era uma montanha de músculos. E eu, bem, eu estava me preparando fisicamente no Porta Larga – lembram do boteco que mencionei lá no início? O Nilson me chamou para uma reunião. Por questão de segurança, me proibiu terminantemente de levar a cabo a ideia de lutar no octógono contra a muralha. Ele me deu duas opções: ir embora pouco antes de a luta começar ou esperar o início do combate e, imediatamente depois, simular uma dor de barriga, lesão ou coisa que o valha para encerrar a peleja antes de sofrer qualquer marretada. Avaliei que o menos humilhante seria sair de fininho antes do horário da luta. E assim fizemos.

Na véspera da competição, eu estava preocupado com a possibilidade de estourar o peso da categoria dos pesados. Fazia tempo que eu não subia numa balança. Cheguei cedo no sábado e fui direto para a verificação: dois quilos acima. Bateu um desespero. Pensei que, caso não cumprisse o peso, poderia ser desclassificado e perder a chance de evidenciar que qualquer sujeito poderia ser chamado a pisar num octógono nesse tipo de campeonato. Seria uma perda significativa de apuração e de impacto. O organizador me deu um tempo para queimar o excedente e voltar à pesagem. Não tive dúvida: saí a correr pela Zona Norte de Porto Alegre. À época, ganhei do Wagner e do Trezzi o apelido de Gordo na redação de *Zero Hora*. Por óbvio, rapidamente comecei a verter suor. Era um dia de calor e precisou de pouco tempo para que eu estivesse com a roupa ensopada. Isso deu esperança de cortar os dois quilos. Não era pouca coisa. Mas logo a condição física começou a me solapar: fiquei muito ofegante, respirando pela boca, totalmente seca. E não podia tomar água. Afinal, precisava desesperadamente cortar peso. Quando minha corrida já estava mais para trote de um cavalo exausto, passei a ter a sensação de que minha tíbia se partiria ao meio. As panturrilhas latejavam. Fui ao limite mentalizando que valia a pena salvar aquele recorte da pauta. Depois de 45 minutos, quando não era mais possível continuar, visualizei um restaurante que tinha duas máquinas a gás de assar frango na calçada. Aquelas churrasqueiras conhecidas como televisão de cachorro. O equipamento estava funcionando a pleno e fazia um calor diabólico ao redor. Parei ao lado, sentindo a temperatura. Quando recuperei um pouco de fôlego, comecei a dar alguns pulinhos, sempre ao lado da máquina. Fiquei ali por cerca de dez minutos no esforço derradeiro. Ninguém me perguntou nada, mas as pessoas que passavam ficavam olhando, como se pensassem de qual hospício eu tinha acabado de fugir. Tomei um suador e resolvi retornar à pesagem. Não tinha condição de tentar mais nada. E deu certo: perdi três quilos. A pauta estava viva.

Ficamos por horas assistindo a outras lutas e registrando situações de excessos ou lesões. No início da tarde, pouco antes da minha luta, escapuli. Ficaram no local, de forma oculta, como espectadores, o Tonetto e o repórter fotográfico Mateus Bruxel. Eles registraram quando o "atleta Carlos Braga" foi chamado ao octógono.

A reportagem, dividida em quatro dias de publicação, foi um sucesso. Houve muita repercussão, leitura e comentários. Também contamos a história da jovem que havia ficado vegetativa no fechamento da série. No dia da última matéria, eu estava chegando a pé à redação de *Zero Hora* quando avistei dois caras me observando na calçada, em frente ao prédio. Percebi a situação de risco porque eles tinham tatuagens em tailandês nas canelas, algo característico entre lutadores de muay thai. Passei por eles tentando me distanciar, caminhando sobre o meio-fio, e saltei rapidamente para dentro do edifício. Quando olhei para trás, fizeram algumas ameaças que não consegui compreender integralmente. Por precaução, a direção do jornal decidiu me tirar de circulação uns dias. Fiquei enfiado num hotel até a poeira baixar. À época, meu filho tinha apenas três meses e foi desgastante o afastamento, apesar de curto. No final, o esforço valeu a pena.

Fraudes contra aposentados

Criado no final de 2016, o GDI avançou rapidamente em diversos *fronts* de denúncia nos setores público e privado, mas um novo flanco de atuação foi aberto em 2019: as fraudes de empréstimos consignados e de seguros associativos contra aposentados do INSS. Um esquema milionário em que correspondentes bancários perpetraram fraudes documentais para empurrar produtos indesejados e não solicitados a idosos vulneráveis, sob vista grossa de instituições financeiras nacionais.

Diria que essa foi uma apuração em cascata em que uma reportagem foi levando a outra, cada vez com mais profundidade. A primeira delas foi publicada em maio de 2019. Mostramos que escritórios de correspondentes bancários encaminhavam empréstimos consignados em nome de aposentados sem que os mesmos estivessem junto no momento da requisição para autorizar a operação. Bastava um terceiro ir a um estabelecimento e informar CPF ou número do benefício previdenciário, anunciando ser familiar ou responsável. Os correspondentes acessavam e emitiam documentos sigilosos do sistema do INSS e os entregavam a terceiros, sem nenhuma amarra, contrariando as normas de privacidade. O negócio podia ser encaminhado sem o aposentado saber, o que favorecia familiares ou pessoas próximas que desejavam empurrar operações nas contas de pessoas vulneráveis para sacar os valores posteriormente. E deixar a prestação ser abatida no contracheque do idoso.

Nessa mesma reportagem, mostramos que agentes financeiros tomavam conhecimento da concessão de aposentadoria antes do beneficiário. Eles detinham, de uma forma ainda não plenamente esclarecida naquele momento, acesso a informações privilegiadas do INSS. E, a partir disso, bombardeavam idosos com mensagens e ligações ofertando empréstimos e seguros. Colhemos relatos de homens e mulheres que, após uma vida de trabalho, declararam ter tomado conhecimento do direito ao benefício ao receberem ligações, inclusive na madrugada, de vendedores de produtos financeiros.

Essa primeira reportagem, em que usei câmera oculta e fiz entrevistas com vítimas, eu decidi fazer após ter recebido diversos relatos de leitores sobre a rotina insuportável de receber ligações de call centers.

O que aconteceu depois desta publicação inicial nos levaria a outro patamar rapidamente. Passei a receber diversos e-mails de leitores e familiares de aposentados reclamando de perturbação do sossego e operações indevidas, com acréscimo de uma história que eu desconhecia até então: descontos no valor do benefício a título de associação em entidades de aposentados.

Eu estava iniciando a imersão nesse mundo para apurar nova reportagem quando fui procurado pelo experiente repórter Jonas Campos, da RBS TV e do GDI. Ele relatou ter recebido contato de uma correspondente bancária, via rede social, que desejava relatar todos os malfeitos cometidos por colegas de profissão cotidianamente. A denunciante era de outro estado e afirmava ter condições de nos fazer entrar no circuito e documentar as fraudes do setor. Até hoje não sabemos exatamente como essa voz chegou ao Jonas. Talvez tenha sido acaso. Em jornalismo investigativo, às vezes, é preciso ter boa dose de sorte.

Demos a largada em uma apuração conjunta que se desenrolou com velocidade. As primeiras conversas com a fonte serviram para mostrar que ela não estava blefando. Realmente detinha raízes no ramo, conhecia os esquemas e sabia apontar onde havia problemas. Eu tinha certo conhecimento da reportagem anterior, mas aprendi muito com a delatora sobre as práticas dos fraudadores, a linguagem, os mecanismos utilizados e as fragilidades do sistema do INSS, dos bancos e das seguradoras, porosos às operações ilegais.

Neste caso, estávamos tratando da fraude do seguro associativo consignado. Rapidamente, eu estava inserido em seis grupos de WhatsApp integrados por fraudadores de todo o Brasil, nos quais eram discutidos métodos e oportunidades de negócios. O esquema, basicamente, consistia no uso pelos correspondentes bancários das documentações de arquivo de aposentados que, em algum momento passado, já haviam feito empréstimo consignado. Com esses documentos, eles ingressavam no sistema eletrônico de uma seguradora sediada no Rio Grande do Sul e digitavam uma proposta de adesão no "piloto automático". Ou seja, sem consentimento nem conhecimento do aposentado.

O preenchimento com os dados furtados era feito brevemente, e a ficha associativa tinha a assinatura do aposentado falsificada pelos correspondentes. Isso era feito, por vezes, com o auxílio de uma máquina que emitia luz intensa e atravessava a ficha, permitindo copiar o traço da assinatura por sobreposição. Em geral, eram falsificações grosseiras, mas que não eram coibidas por não haver fiscalização eficiente. Todo o sistema das seguradoras e do INSS era digital e não havia uma checagem confiável. Tudo era feito celeremente, e o beneficiário se tornava sócio de uma central de aposentados sediada em São Paulo. O idoso não tinha a mínima ideia de que isso tinha acontecido, mas descontos variáveis, desde R$ 20 até R$ 60, eram feitos mensalmente. Quem ganhava era a seguradora e a central de aposentados. Era um negócio que demandava volume. Com correspondentes digitando no piloto automático em larga escala, essas entidades movimentavam milhões de reais. Já os idosos lesados, vulneráveis, ficavam meses ou anos sofrendo os descontos mensais, sem perceber.

Conseguimos, com a vivência nos grupos de WhatsApp, comprovar várias fraudes. Um correspondente bancário do Piauí, que digitava no piloto automático a aquisição do seguro para aposentados de todo o Brasil, revelou como inserir as informações no sistema e como conseguia as documentações – além do arquivo próprio, também era possível comprar no mercado clandestino. Mais do que isso: o fraudador do Piauí deu acesso à reportagem ao sistema da seguradora, onde era feita a adesão fraudulenta ao título associativo da central de aposentados.

No discurso oficial, ter o seguro da central garantia benefícios. Um deles era o desconto na compra de medicamentos em uma farmácia na Zona Norte de Porto Alegre. Localizamos aposentados que tinham descoberto recentemente os abatimentos sofridos pelo seguro. Eles não haviam autorizado e sequer sabiam do que se tratava. O Jonas acompanhou uma das vítimas até a farmácia em que supostamente ela teria direito a preços mais baratos por ser associada. Era fraude. Não havia nada.

"Tudo conversa furada. A farmácia sequer conhecia o tal seguro", recorda Jonas.

Eu dedicava horas diárias a pesquisas em sites do Poder Judiciário para verificar processos contra a seguradora e a central. Localizei muitas coisas interessantes, mas chamou atenção a situação de um senhor de 77 anos, morador do interior de Mostardas, no litoral sul gaúcho. Por cerca de um ano, ele sofreu descontos para pagar o seguro do qual jamais tinha ouvido falar. Somente tomou conhecimento quando um familiar mais jovem se deu conta, ao analisar o contracheque. O idoso ingressou na Justiça pedindo a devolução dos valores e indenização, o que foi concedido, e ficou comprovado por perito que a assinatura dele havia sido grosseiramente falsificada. E a digitação dos seus dados, é claro, tinha sido feita no piloto automático.

Esta reportagem do GDI teve alcance nacional. Foi publicada simultaneamente por GZH e pelo programa *Fantástico*, da RBS TV e da Rede Globo, em um domingo à noite, em junho de 2019. Na segunda-feira, foi manchete de *Zero Hora*. Houve importantes desdobramentos. A seguradora reconheceu os problemas e anunciou a montagem de um *call center* para receber contatos de vítimas e promover a devolução do dinheiro. A Superintendência de Seguros

Privados (Susep) suspendeu temporariamente as operações desta corporação por conta das fraudes denunciadas. Após a publicação da reportagem, o INSS suspendeu o convênio com quatro centrais de aposentados que tinham a possibilidade de receber parcelas do contracheque de beneficiários sob o pretexto de associações. Entre as penalizadas, estava a entidade denunciada pelo GDI. Somente em dois meses, o INSS informou ter retido e devolvido R$ 57 milhões descontados das aposentadorias de idosos que iriam para os caixas dessas centrais a título de mensalidades. Era muito dinheiro. Era como se tivéssemos conseguido agarrar R$ 57 milhões e colocar de volta no bolso dos beneficiários brasileiros. Por fim, o INSS cancelou em definitivo o convênio com quatro instituições que se beneficiavam de fraudes. Foi uma grande parceria com o Jonas e a equipe da RBS TV. Houve muita sintonia entre nós.

Eu não deixei de acompanhar o tema desde então. Mantive o alerta ligado e segui recebendo comentários de leitores. Até que, em julho de 2021, publiquei uma terceira reportagem sobre o assunto. Era o mesmo esquema de inserção de dados no piloto automático em sistemas digitais e falsificação de assinatura, mas, desta vez, a finalidade era depositar empréstimos consignados na conta bancária de aposentados sem autorização ou requisição. E descontar em folha, é claro, as prestações mensais com juros. Novamente me infiltrei entre fraudadores e consegui comprovar como uma empresa de Minas Gerais fornecia acesso pela internet a um site clandestino que extraía informações do banco de dados do INSS. Pela plataforma paralela, era possível emitir extrato do benefício do aposentado, coletar os dados pessoais e trocar a senha da conta "Meu INSS", onde era feito o desbloqueio para a contratação de empréstimos consignados. Ali se acessava tudo o que era necessário para perpetrar os delitos. E documentamos tudo. As fraudes do empréstimo consignado envolveram grandes bancos nacionais. E, mesmo contrariando o poder econômico, publicamos tudo.

A morte dos cubanos

Um acidente automobilístico terrível na BR-471, em Santa Vitória do Palmar, no Rio Grande do Sul, deixou sete mortos em 1º de janeiro de 2018. Faleceram quatro brasileiros e três cubanos. Um quarto caribenho sobreviveu, embora tenha sofrido ferimentos graves. O ano de 2018 marcou o ápice das *fake news* nas redes sociais entre usuários brasileiros. Depois do acidente, teorias conspiratórias circularam ferozmente. Afinal, o que quatro cubanos faziam em um táxi que saiu do aeroporto Salgado Filho, em Porto Alegre, rumo ao Chuí, na fronteira com o Uruguai? Pouco antes de chegar ao destino, o Cobalt em que estavam os viajantes e um veículo Fiesta colidiram frontalmente.

Enquanto uma apuração jornalística de profundidade não era concluída, explodiram nas redes sociais, em blogs conspiratórios e no WhatsApp boatos dos mais delirantes. Em geral, relacionavam a viagem dos cubanos à busca de armas no Uruguai para a organização de revoluções e invasões guerrilheiras no Brasil.

Eu e o repórter fotográfico Mateus Bruxel tínhamos parcerias anteriores na cobertura de imigração contemporânea de haitianos e senegaleses, e os editores de *Zero Hora* decidiram nos enviar até a zona sul do estado para checar quem eram e o que pretendiam os cubanos. Partimos, junto do motorista Thomaz Edson, com a tarefa de desvendar o rumoroso caso.

O acidente estava sob investigação e, chegando a Santa Vitória do Palmar, fomos procurar o delegado responsável pelo caso. Ele analisava os conteúdos das bagagens dos cubanos para esclarecer a passagem deles pelo Brasil, as circunstâncias do sinistro e encontrar meios de contato com familiares que pudessem ser avisados da tragédia.

O delegado verificou, e nos mostrou, que as malas não continham absolutamente nada que indicasse se tratar de guerrilheiros. Tudo apontava para imigrantes que pretendiam chegar aos Estados Unidos tendo o Uruguai como trampolim. Os governos de José Mujica, presidente uruguaio entre 2010 e 2015, e de Barack Obama haviam estreitado relações diplomáticas, e os cubanos passaram a acreditar que Montevidéu seria a melhor porta de entrada para o sonho americano. Obama havia decidido, em janeiro de 2017, cancelar a política dos "pés secos, pés molhados". Essa norma garantia residência aos cubanos que conseguiam chegar aos Estados Unidos, mesmo que ilegalmente. Com o fim da prática, os caribenhos estavam sendo deportados. A rota alternativa idealizada era ingressar no Brasil por um dos poucos países que lhes concedia visto, a Guiana, na fronteira com Roraima, e descer de avião até Porto Alegre. Depois, embarcavam em táxi ou ônibus até a fronteira com o Uruguai. Cubanos vendiam os bens que tinham e gastavam as remessas de familiares residentes no exterior para financiar a migração. Para apurar o contexto, incluindo o fim da política “pés secos, pés molhados” e suas consequências, fiz contatos da estrada com cubanos que residiam nos Estados Unidos e com um jornalista da ilha que vivia na Flórida.

O conteúdo das malas, checado pelo delegado, era típico de viajantes preparados para enfrentar uma via-crúcis. Havia uma quantidade enorme de cartelas de remédios, sobretudo para ansiedade, dores, infecções e febre. Eles também carregavam diplomas de formação profissional, artigos religiosos, roupas, lembranças familiares, maços de cigarro e poucas garrafas de rum. O definitivo: portavam anotações de contato no exterior e pedidos de visto de turista para os Estados Unidos. Os cubanos tinham parentes que já residiam na Flórida e empreenderam uma jornada tragicamente interrompida de reunião familiar.

O tempo era curto e decidimos explorá-lo ao máximo. De Santa Vitória do Palmar, seguimos viagem até o Chuí para ver o que encontraríamos por lá. Não havia nada mapeado detalhadamente, era um passo no escuro que poderia resultar em nada. Contudo, ao chegarmos na cidade e no posto de fronteira, avistamos grupos de imigrantes cubanos aqui e ali. Estava descortinado diante da nossa equipe um movimento migratório que tinha o Brasil como rota de passagem.

No posto da Polícia Federal e da Receita Federal, identifiquei alguns cubanos e fui falar com eles. Expliquei o que estávamos fazendo até que, de forma surpreendente, o imigrante nos relatou que havia deixado Cuba em um grupo de 25 pessoas, incluindo os quatro acidentados. No meio do caminho, haviam se separado, mas o início da jornada fora conjunto. Acompanhamos os viajantes por algumas horas e foi dilacerante quando a noite caiu e um dos cubanos, percebendo que não tinha onde dormir, encheu os olhos de lágrimas. Conseguimos contatar autoridades uruguaias e voluntários de organizações sociais que atendiam imigrantes e tivemos acesso a dados que confirmavam o fluxo de caribenhos rumo ao país. As informações ganharam ritmo acelerado e descobrimos que pequena parcela de cubanos desistia de chegar ao Uruguai quando deparava com alguma oportunidade no Rio Grande do Sul.

Tomamos o rumo de Santana do Livramento, atravessando em parte estradas do norte uruguaio para cortar caminho, atrás do relato de que cubanos estavam desembarcando diariamente na cidade gaúcha.

Mais uma vez, conseguimos comprovar a pista. Fomos ao terminal rodoviário para verificar se os caribenhos estavam, de fato, se estabelecendo na cidade gaúcha. Após alguns questionamentos, encontramos um cubano há seis meses radicado em Santana do Livramento, junto de três familiares. Ele trabalhava no restaurante da rodoviária. E a esposa dele, que veio grávida para o Brasil, havia feito o parto da filha na Santa Casa de Misericórdia.

Apesar da complexidade do tema, conseguimos desatar os nós da apuração em dois ou três dias. O Thomaz, nosso divertido colega e motorista, disse que tivemos sorte ao dar de cara com tantas situações reveladoras. E o Bruxel, dotado de talento jornalístico-artístico, garantiu expressivos retratos e imagens. A publicação da reportagem alcançou importante repercussão e leitura por desmontar uma série de alucinações que haviam tomado os meios virtuais dias antes. Foi uma prova de que o jornalismo investigativo, nos tempos modernos, é uma ferramenta essencial no combate às *fake news*, disseminadas diante da permissividade das big techs.

Trilha de documentos internacionais

No final de 2016, o governo dos Estados Unidos liberou para pesquisa livre na internet antigos relatórios da CIA, a agência de inteligência norte-americana. Aparentemente, pouca gente havia dado importância para os arquivos, mas eu recebi um pedido da direção de redação de *Zero Hora* para dar uma vasculhada. Vai que rendesse algo.

As pesquisas foram feitas em uma plataforma digital da lei FOIA (Freedom of Information Act) com a digitação de palavras-chave. Considerando os períodos históricos de grande tensão nas relações políticas no Brasil, cujos desdobramentos eram de interesse dos Estados Unidos, além de alguns regionalismos e lideranças históricas, não tive dúvida: centrei as buscas em torno do ex-presidente João Goulart e do seu cunhado e ex-governador Leonel Brizola. Também acrescentei Luiz Inácio Lula da Silva, Fernando Collor, Porto Alegre, entre outros termos. A pesquisa documental foi importante fonte do GDI ao longo dos anos.

O que resultou foram relatórios redigidos por diplomatas norte-americanos que atuavam no Brasil, sobretudo na embaixada em Brasília, datados entre 1945 e 1991. Era um recorte da visão estadunidense sobre o Brasil desde o fim da Segunda Guerra, passando pela Guerra Fria, o ocaso do bloco comunista e o início da globalização. Além de políticos, fábricas, sindicatos, jornalistas, escritores e intelectuais foram alvo de espionagens.

O repórter e colunista Rodrigo Lopes, especialista em assuntos internacionais, logo se juntou à apuração. Começamos a trabalhar na análise das dezenas – ou centenas – de documentos disponibilizados, contendo tarjas sobre informações sensíveis. Era necessário traduzir, compreender o contexto histórico e ponderar: o que estava registrado era fruto de pesquisa e observação de diplomatas, documentos redigidos para informar as autoridades de uma nação estrangeira, mas era fundamental ouvir análises de especialistas e relativizar alguns pontos que pudessem conter aspectos controversos. Foi um trabalho longo e exaustivo.

Verificamos que a CIA seguiu os passos de Brizola por mais de quatro décadas e monitorou a hipótese de o líder trabalhista organizar um atentado durante a Cúpula das Américas contra o então presidente Artur da Costa e Silva, em abril de 1967, em Punta del Este, no Uruguai. Era neste país que Brizola estava exilado à época. Antigos parceiros do líder político e historiadores consultados por nós se dividiram ao avaliar se ele havia, de fato, planejado um ataque.

Os documentos deixam claro que os Estados Unidos temiam a possível chegada de Brizola à presidência da república, seja antes ou depois do golpe civil-militar de 1964. Já no período da redemocratização, a preocupação não era com Lula e o PT. Era com Brizola, descrito como ultranacionalista e antiamericano, à luz de seus atos como governador do Rio Grande do Sul ao estatizar filiais de companhias norte-americanas que se tornariam a CEEE (energia elétrica) e a CRT (telefonia), no início da década de 1960.

Não por acaso, os documentos pesquisados revelaram a simpatia e a aproximação dos diplomatas dos Estados Unidos com a campanha de Fernando Collor, de discurso liberal, que viria a ser eleito em 1989.

O farto material analisado foi publicado em duas reportagens de profundidade, em fevereiro e maio de 2017. Uma história que, ao final, foi saborosa de se escrever por proporcionar revelações e hipóteses históricas. Encontramos um relatório da CIA que mencionava conversas entre empresários e militares sobre um novo golpe militar no Brasil caso Brizola saísse vencedor da eleição de 1989 – a velha e persistente virada de mesa tupiniquim. O trabalhista acabou em terceiro naquela disputa, fora do segundo turno, e Collor assumiu como primeiro presidente eleito do pós-redemocratização.

Por falar em documentos internacionais, não poderia deixar de rememorar uma grande reportagem sobre a luxuosa casa de jogos de azar que, ignorando a proibição legal de operar, abriu as portas na zona sul de Porto Alegre em setembro de 2017. Um brasileiro era apresentado como proprietário em eventos públicos, mas pensei que valeria a pena pesquisar o contrato social da empresa na Junta Comercial do Rio Grande do Sul. Veio a primeira descoberta: havia dois irmãos franceses na sociedade, o que não era informado publicamente. Iniciei uma investigação jornalística que se estendeu por cerca de quatro meses para entender quem eram os europeus. Eles tinham histórico de envolvimento com possíveis atividades criminosas. No arquivo do Supremo Tribunal Federal (STF), verifiquei que um deles chegou a ter a prisão preventiva para extradição decretada no Brasil a pedido da Interpol. O homem permaneceu foragido ao longo da validade do mandado, emitido por suspeita de colaboração com a lavagem de dinheiro da máfia italiana.

Também acessamos um processo arquivado no Tribunal Distrital de Paris em que o outro irmão fora sentenciado à prisão em março de 2000, tendo cumprido parte da pena de três anos de reclusão, por envolvimento em preparação de ato terrorista na Córsega – ilha francesa no Mar Mediterrâneo – e tentativa de extorsão. Eu localizei esse processo via pesquisas na internet, mas ele só estava disponível fisicamente. Era necessário ir a um balcão parisiense, requerer acesso, pagar uma taxa e esperar cerca de trinta dias. Contratamos um jornalista brasileiro que residia em Paris para encaminhar os trâmites burocráticos. Quando ele finalmente obteve cópia do processo, digitalizou-a e nos remeteu.

Consultando arquivos e decisões judiciais, ainda mapeamos a atividade dos irmãos franceses na Bolívia, onde tinham começado a atuar em 2009, alcançando a condição de donos da maior rede de jogos daquele país. Eles permaneceram no país até 2013, quando decidiram rumar ao Brasil após uma série de acusações de envolvimento com fraudes fiscais, corrupção e suposta encomenda de homicídio. Fiz incontáveis contatos telefônicos com a Justiça da Bolívia atrás de informações precisas e registros oficiais. Aos poucos, localizei documentos importantes e dotados de fé pública.

Após a publicação da reportagem, em março de 2018, a requintada casa de jogos ilegais fechou em Porto Alegre.

Boas fontes e documentos

*Adriana Irion**

Entendo que todo jornalismo é investigativo. Um acidente de carro, básico, precisa de um olhar cuidadoso sobre a dinâmica do que ocorreu. Se um *outdoor* despenca sobre uma rua ou pessoas, há um caminho a percorrer para explicar a queda, mostrar se faltou manutenção ou fiscalização. Se falta água todos os dias em uma comunidade, é certo que tem problema em alguma ponta, há uma obra por fazer ou imbróglio em algum contrato do poder público. Foi assim que aprendi a olhar os fatos desde cedo: sempre desconfiando.

O trabalho de todo repórter é dessa forma no dia a dia, destrinchando nós em busca da informação mais completa. O diferencial com a formação do Grupo de Investigação foi o investimento de mais tempo para apurar assuntos mais complexos e obscuros. Muitas vezes, são temas que ainda não estão expostos no noticiário. Situações que precisam de um mergulho mais profundo e de algo que é o principal tesouro de todo repórter: boas fontes!

Nunca usei muito a infiltração ou o método da câmera escondida. Gosto de documentos oficiais na mão, papéis que ali adiante vão ajudar a comprovar uma fraude, um desvio.

---

* Repórter do Grupo RBS.

Quando um denunciante me contata, minhas primeiras reações são: "Tem documentos? Onde está escrito? Está gravado?".

E o outro método infalível – e exaustivo – é a boa e velha "campana". Isso mesmo: horas e horas socada dentro de um carro, com fome e vontade de ir ao banheiro. Trabalho que, sem a parceria dos nossos motoristas do jornal, nunca teria sucesso. São eles que acham a vaga de estacionamento ideal para ficarmos escondidos por horas, seguem pessoas e ajudam a observar tudo. Os fotógrafos também são essenciais neste tipo de apuração para fazer o tão sonhado flagrante, a foto da capa, da manchete, mas nem sempre podem estar 100% do tempo na campana. No desespero, vamos de imagem de celular mesmo.

Falarei aqui de algumas matérias feitas assim, com os pés e os olhos nas ruas.

Dinheiro pelo bueiro

Estava em uma festa de fim de ano. Dezembro de 2015, calor, descontração. A pessoa se aproximou, estendeu a mão e me entregou um *pen drive*: "Está tudo aí!".

Eu já tinha sido avisada – pelo telefonema de uma conhecida – de que pretendiam me mandar um material sobre o "mapa" de bueiros de Porto Alegre e uma suposta fraude na cobrança pela limpeza desses equipamentos. Não sabia como chegaria a mim, nem as surpresas contidas naquele *pen drive*.

Dormi ansiosa. Abri-o na manhã seguinte. A primeira olhada deu vontade de chorar. Estava diante do mapa oficial da rede pluvial da cidade, um documento do hoje extinto Departamento de Esgotos Pluviais, o DEP. Não entendi nada. Isso acontece muito na vida do repórter, de ter que tratar de assuntos áridos, completamente desconhecidos, difíceis de entender e mais ainda de explicar. E é assim que vamos nos tornando conhecedores de tudo um pouco.

Faço um parêntese aqui para citar uma situação semelhante, decorrente das enchentes que atingiram o Vale do Taquari em setembro de 2023, causando enorme destruição e mortes. Em meio ao feriadão de 7 de Setembro, recebi a missão de explicar um boato que circulava sobre a possível abertura de comportas de uma barragem que poderia ter contribuído para as inundações na região do Rio das Antas. De repente, lá estava eu tendo que entender sobre "vazão decamilenar" e outros termos ligados à hidrologia.

Voltando aos bueiros, o susto foi grande ao encarar o mapa pluvial da Capital. O jeito era entender para buscar o que pretendíamos mostrar a partir do que as fontes afirmavam: que a empresa contratada pela prefeitura de Porto Alegre para limpar e fazer manutenção dos equipamentos da rede pluvial – os bueiros (também conhecidos como boca de lobo) e os poços de visita – cobrava por serviços inexistentes. Mais diretamente: limpava, por exemplo, dez bueiros em uma rua, mas cobrava pelo serviço em cinquenta.

Depois do mapa, fui obtendo mais documentos oficiais, como uma listagem de ruas com serviços pagos desde 2013. Algumas de cara chamavam a atenção quando se calculava o tamanho da rua versus a quantidade de bueiros declarados pela empresa. Ao checar no cadastro geral, mais forte ficava a suspeita de fraude, ou seja, estavam superfaturando a limpeza de bocas de lobo.

Mas a apuração não era tão simples. Eu tinha dados antigos, e o tal mapa podia também estar defasado. Tinha mesmo que ir para rua. E foi o que fizemos por cerca de seis meses. Qual era o trabalho? Contar bueiros! Novo susto nas ruas.

A gente quase não percebe, mas as vias estão cheias de tampas de ferro que se referem a um monte de serviços que chegam às residências, como caixas de telefonia, gás, esgoto cloacal. Cheguei na minha primeira rua e achei que os dados que havia lido em documentos até então estavam todos errados. Não sabia como filtrar. Liguei para a fonte em mais um momento de quase choro. Calma, disse a servidora da prefeitura, enviando imagens sobre o que eu devia procurar para fazer a contagem. Os bueiros, claro, são fáceis de identificar. Mas havia também os poços de visita. E não podíamos errar. Nunca podemos, aliás. É uma premissa do bom jornalismo e, principalmente, de uma boa matéria de denúncia: não pode haver margem para contestação.

E essa virou nossa rotina de apuração. Dias e dias nas ruas contando os equipamentos de drenagem do DEP. Eu contava e recontava, diversas vezes. Anotava em um caderno e fotograva cada um, algumas vezes fazendo referência ao número da casa que estava na frente (guardo esses rabiscos até hoje, com carinho). E tudo isso com cuidados adicionais: havia locais em que podíamos ir com carro "discreto", sem adesivos do jornal, uma estratégia boa até para não chamar a atenção sobre nosso trabalho em caso de encontro com equipes da prefeitura. Mas, em vários pontos, a presença de facções nos obrigava a usar veículo com logotipo da empresa de jornalismo e a interagir com moradores, dizendo que estávamos fazendo uma reportagem sobre alagamentos naqueles locais – o que não era mentira, pois a falta de manutenção nesses equipamentos contribui mesmo para inundações em temporais.

Intercalava saídas externas com o trabalho na redação, esmiuçando documentos e cruzando dados. Vale destacar que, neste caso, como em muitos outros, a facilidade em obter documentos internos do DEP, com apoio de servidores do executivo municipal que estavam indignados com o descaso com o dinheiro público, foi essencial para o bom andamento da apuração.

Além disso, as fontes me apoiaram até nas ruas. Em mais de uma vez, tive a companhia de algum servidor me orientando nas vias ou fazendo reuniões em cafeterias para interpretar novos mapas e documentos.

Toda vez que eu fechava a conta em uma das ruas escolhidas – foram 31 com suspeita de superfaturamento –, eu precisava cotejar o número de bueiros com a quantidade cobrada pela empresa, e isso só era possível tendo acesso às notas emitidas pela terceirizada e pagas pelo DEP – documentos que não estavam disponíveis para acesso público.

Mas quando superados os sustos, a gente se empolga. E quer mais. Foi quando planejei fazer um flagrante, capturar um momento real de toda essa história. O que era preciso? Acompanhar o trabalho de alguma equipe da empresa, registrar em imagens e, o mais difícil, esperar que a nota de cobrança referente àquele trabalho específico fosse apresentada ao DEP. Assim, teríamos um capítulo inteiro: o serviço sendo feito na rua – que foi a Barão de Teffé, no bairro Menino Deus –, os bueiros contados e recontados e a prova da fraude, a nota fiscal com a cobrança a mais. Podia dar errado, caso a empresa fizesse a cobrança correta. Mas, mais uma vez, não fez. Cobrou a mais.

Existiam catorze bueiros na rua e foram cobrados 41. Ainda lembro da tensão nos dias em que esperávamos a nota ser apresentada: foram dois meses aguardando e mais alguns dias até que as fontes conseguissem reproduzir o documento.

Tudo pronto: matéria escrita, contas fechadas, gráficos preparados. Conseguimos mostrar que, entre 2013 e o primeiro trimestre de 2016, foi cobrada da prefeitura a limpeza de 4.111 equipamentos de drenagem que não existiam – somente nas 31 ruas selecionadas pela reportagem.

Antes de a denúncia chegar a leitores, ouvintes e telespectadores, no entanto, faltava a última etapa da apuração: ouvir a direção do DEP, representantes da prefeitura. Não imaginem vocês que só se pensa nisso na última hora. Durante toda a apuração, troquei ideias com promotores, delegados e editores sobre o que poderia explicar os números cobrados a mais que não uma fraude. Poderia ser erro? Resultado de cobranças de várias ruas em uma só? As hipóteses iam sendo mastigadas, testadas e jogadas fora. Mas o frio na barriga não sumia. E se chegarmos lá e eles tiverem uma explicação para tudo? Cai a matéria, tantos meses jogados fora.

A inquietação não era só minha. A angústia foi compartilhada com os editores Dione Kuhn e Nilson Vargas. Acho que nenhum de nós três dormiu bem às vésperas da entrevista. Eu, entre o horário que saí de casa e minutos antes de entrar no DEP, já havia tomado três comprimidos para dor de cabeça. Ao sair de lá, no entanto, nossa investigação seguia sólida.

A direção não conseguiu explicar os fatos que apresentamos, as contas, o flagrante. Nada.

A série "Dinheiro pelo Bueiro" nasceu de um jeito diferente. Em vez de sair no jornal impresso para depois repercutir na Rádio Gaúcha e na RBS TV, o plano foi lançarmos a denúncia no *Programa Atualidade*, sob o comando do competente Daniel Scola – confesso que eu, repórter de jornal, fiquei bem desconfiada da estratégia. Mas foi um golaço.

Enquanto o Scola e eu lançávamos as informações no ar, repórteres da rádio percorriam ruas citadas na reportagem. Incrível que, naquela manhã de 11 de julho de 2016, despencou uma chuvarada sobre Porto Alegre – e muitas das ruas apontadas em nosso roteiro alagaram. O retorno dos ouvintes foi imediato. Não paravam de ligar e denunciar problemas em bueiros nas suas ruas. Em paralelo, a primeira parte da reportagem foi publicada no site GZH. Quatro horas depois, noticiávamos que o prefeito determinara abertura de sindicância e definira o caso como o "cúmulo da desonestidade" por parte da empresa.

Foi uma manhã, um dia, vários dias de vitória do jornalismo dedicado aos problemas da vida real das pessoas e ao absurdo do desperdício do dinheiro público nas mínimas coisas. A direção do DEP foi demitida, investigações foram abertas por Polícia Civil e Ministério Público, com desdobramentos na Justiça. A prefeitura, além de confirmar os pagamentos a mais em averiguações internas, mudou procedimentos de controle para esse e outros serviços pelos quais os cidadãos pagam. Por fim, valeu muito a pena contar bueiros nas ruas!

Abuso sexual de escoteiros

Foi o meu amigo e colega Daniel Scola quem recebeu a informação, em 2019. Uma advogada de Fontoura Xavier, no norte do Rio Grande do Sul, ligou para contar que jovens, já maiores de dezoito anos, queriam revelar um segredo sufocado por anos: haviam sofrido abusos por parte do então chefe de escoteiros do Grupo Escoteiro Guamirim.

O tema abuso sexual sempre tem um cuidado mais do que especial na redação. É um assunto que nos faz parar, conversar, analisar as circunstâncias envolvidas. Falei com a advogada: a história parecia consistente. Um dos jovens havia registrado ocorrência policial por estupro de vulnerável contra o ex-chefe do grupo. Partimos para Fontoura Xavier.

A primeira etapa da apuração era a mais difícil: ouvir os relatos dos jovens. As dores e o trauma que eles haviam escondido por anos estavam por ser revelados por decisão deles, mas contar os detalhes não era simples. Se para eles era difícil falar, para mim era ainda mais complicado perguntar.

O GDI entrevistou seis jovens de um grupo de dezoito que prestaram depoimento à polícia. Quando conversaram com a reportagem, alguns sequer tinham tido coragem de contar o caso a familiares. Os abusos teriam ocorrido muitos anos antes. O Grupo Guamirim foi criado em 2007 pelo homem que, a partir de 2018, se tornou suspeito de ser um abusador.

Mas, afinal, por que os ex-escoteiros decidiram expor, tantos anos depois, situações constrangedoras a que teriam sido submetidos? Pelo que contaram, a consciência sobre o que realmente havia acontecido começou a vir à tona com a maioridade, em conversas em universidades, em tratamentos psicológicos ou nas dificuldades em se relacionar.

Um deles decidiu puxar o tema em um grupo de WhatsApp que reunia os ex-colegas de escotismo. Outros foram se dando conta. De repente, o assunto virou piada e o grupo de conversas arrefeceu. Mas a semente estava lançada, e em 2018 um deles fez a ocorrência policial que desencadeou um inquérito policial para apurar as suspeitas.

Ao GDI, as falas eram entrecortadas por silêncios, suspiros. Na delegacia, houve crises de choro. No grupo, há casos até de tentativa de suicídio. A fim de proteger a intimidade dos jovens, a reportagem não os identificou. Nas entrevistas gravadas em vídeo, a imagem dos ex-escoteiros foi preservada. O que importava ali era o alerta que eles queriam dar a pais, professores ou quaisquer responsáveis por crianças e adolescentes. Em cada frase, um apelo para que pequenos sinais sejam enxergados.

"Eu tinha onze anos. A gente não sabia nem o que estava acontecendo."

"Pensava em outras coisas para sair daquele momento logo."

"Eu ainda não tive coragem de falar com meus pais."

"Nós éramos como instrumento para ele nos usar."

"Quando ia me relacionar com mulheres, eu não conseguia. Vinha aquela cena na mente."

"Pessoas assim são ameaças nas nossas vidas."

E como agia o suspeito? Conquistando o carinho, a admiração e a confiança das crianças e de suas famílias. Era um homem bem relacionado na comunidade – tinha até título de Cidadão Fontourense –, bancário na pequena cidade e com poder aquisitivo que permitia manter atrativos para os meninos: videogame, computador, passeios. Muitos viam nela a figura de um segundo pai ou do melhor amigo.

Segundo relatos, o homem alegava ter uma doença e dizia que os contatos íntimos ajudariam a curá-lo. Os jovens contam que tinham medo de que ele morresse. Então, se submetiam ao assédio e às demais ações.

Quando a reportagem foi publicada, em agosto de 2019, teve grande impacto. O GDI recebeu mais denúncias de abusos que teriam sido cometidos pelo mesmo suspeito em outros locais e também sobre casos novos. Tudo foi encaminhado à polícia, que tinha investigação em Soledade e em Porto Alegre. O Movimento Escoteiros do Brasil no Rio Grande do Sul abriu processo ético-disciplinar contra o suspeito. Os vereadores de Fontoura Xavier revogaram a lei que havia concedido a ele o título de cidadão da cidade.

O ex-chefe dos escoteiros do Grupo Guamirim – extinto em 2017 – foi indiciado pela Polícia Civil e denunciado pelo Ministério Público por estupro de vulnerável e violação sexual mediante fraude em relação a catorze vítimas. Nos demais casos, houve prescrição. Em janeiro de 2020, o suspeito se tornou réu. O ex-chefe dos escoteiros nunca aceitou falar sobre as suspeitas com a reportagem. De tempo em tempo, eu olhava o andamento do processo. Em dezembro de 2022, recebi a seguinte mensagem da advogada que representava os jovens ex-escoteiros:

"Adriana, querida! Há dias queria ter escrito para te contar que o chefe escoteiro (*preservamos o nome*) faleceu no final de outubro, vítima de infarto. Te agradeço por tudo o que fizeste pelos meninos, teu trabalho transcendeu a atuação meramente profissional, tratando o assunto com ética, discrição e zelo. Peço a gentileza de que transmita ao Scola nossos agradecimentos por nos atender com presteza e por ter te indicado para realizar o trabalho. Desculpa o textão!! Mas ainda faltou referir que, se não fosse por vcs, todos aqueles crimes teriam passados absolutamente impunes".

Ainda que o processo não tenha chegado ao fim com uma possível responsabilização do suspeito, os "meninos" sentiram que suas dores, de certa forma, não ficaram impunes.

Descontrole na Assembleia

"Se puderes contribuir para a limpeza ética do setor público gaúcho, desde já agradecemos. Este caso é novamente para a primeira página de *Zero Hora*."

Assim terminava o longo e-mail que recebi em 20 de julho de 2017 de uma fonte que costumava me dar informações preciosas sobre irregularidades na Assembleia Legislativa do RS. Por isso, ela fez a referência de ser "novamente para a primeira página de *Zero Hora*". Essa fonte me rendera, cinco anos antes, em 2012, uma reportagem de capa, com vários desdobramentos e reflexos em processos internos do parlamento. Mas isso conto mais adiante.

Ainda sobre a fonte: estamos em 2023 e até hoje não sei quem ela é. Não sei se é homem ou mulher. Sempre só falamos por e-mail. Ela, a fonte, nunca aceitou me encontrar pessoalmente. Talvez até nos conheçamos, mas eu não sei quem ela é. Sei que era servidora da Assembleia, uma pessoa bem informada e muito, muito indignada com irregularidades.

Em 2017, a denúncia envolvia um servidor efetivo da casa que, segundo a fonte, matava expediente remunerado com dinheiro público para atuar em eventos partidários ou em audiências judiciais como advogado. A informação era de que, naquele momento, devia mais de 3 mil horas de trabalho para o parlamento e seria um dos campeões em licenças médicas. Aí, um detalhe: ele estaria usando períodos cobertos por atestados médicos que o afastavam do serviço na Assembleia para atuar em atividades de interesse particular.

Várias suspeitas se interligavam: o servidor teria efetividade declarada por pessoas que sabiam que ele não cumpria todo o expediente? Ele realmente estava doente em todas as ocasiões em que usou atestado médico para se afastar? Os atestados eram verdadeiros?

Era um caso de dificuldades variadas também. Como saber quando o servidor estava na Assembleia e quando estava em atividades particulares, como manter campana por tempo suficiente – e dentro do horário do meu próprio ponto eletrônico – para flagrar o homem em escapadas do parlamento, como saber quando ele havia registrado o ponto e saído para outros afazeres, como conferir quando ele apresentava atestado para se afastar. Enfim, a apuração dependia de vários fatores, não só da nossa disposição em fazer a matéria.

E acabou mesmo sendo um trabalho como uma caçada de gato e rato. Às vezes, preparávamos a campana, horários combinados, carro discreto, vaga de estacionamento nas proximidades da Assembleia e, lá pelas tantas, descobríamos que o servidor não estava no parlamento naquele dia. Tudo perdido. Ou ele saía de carro e nós o perdíamos em função do trânsito no Centro. Ou ainda ele saía a pé e acabava apenas indo a um restaurante e voltando para o trabalho. Foram várias e várias situações de campana desperdiçadas.

Até mesmo por isso, essa foi uma das matérias que mais demorei para concluir: apuração iniciada em 2017 com publicação em fevereiro de 2019. Mas calma lá: não foi todo esse tempo dedicado exclusivamente a esta matéria. Por vezes, ficava períodos longos sem fazer campanas em função da falta absoluta de informações sobre o paradeiro e a rotina do servidor. Era um caso em que eu dependia muito de "olhos" dentro do parlamento. E ainda acontecia de a fonte saber de algo, me avisar e eu não estar disponível naquele exato momento para correr atrás do servidor.

Mas será então que valia tanto esforço? Sim, dinheiro público envolvido sempre merece atenção. Além disso, o caso dele era um exemplo de muitos de que se tinha notícia em função de descontroles dentro do parlamento.

A partir da coleta de muita informação sobre o servidor, mudei a estratégia em busca de flagrantes: passei a monitorá-lo a partir do que ele fazia fora do parlamento, como saber a agenda de eventos partidários e datas de audiências judiciais de processos nos quais ele atuava. E funcionou. Flagramos ele em, pelo menos, um evento do partido e ao sair de uma audiência em um fórum. Também localizei nas redes sociais registros de momentos em que ele deveria estar cumprindo expediente ou convalescendo, mas estava em atividades de interesse pessoal.

A reportagem foi publicada no mesmo dia em que a Polícia Civil fez a Operação Repouso Absoluto, com buscas e apreensões na sede da Assembleia Legislativa e na casa/escritório do servidor investigado. O parlamento fez apuração interna, confirmou o que o GDI apontou e puniu o servidor com noventa dias de suspensão.

O material da reportagem foi anexado ao inquérito e ao expediente aberto pelo Ministério Público. O servidor foi indiciado por peculato, lavagem de dinheiro e uso de documento falso. Um médico que teria dado a ele atestados também foi indiciado. Em 2023, ações sobre o caso ainda tramitavam na Justiça.

Outro caso, exposto pela mesma fonte e publicado por *Zero Hora* em 2012, também rendeu uma série de reportagens, investigações da Polícia Civil e do Ministério Público, desdobramentos na Justiça e modificação de controle e ponto no parlamento. É a história que acabou conhecida como a da "mulher do cachorrinho".

Tratava-se da situação de uma servidora do parlamento que não cumpria o expediente integral. Basicamente, trabalhava em apenas um turno. E ainda nesse turno, algumas vezes, ela saía para passear com seu cachorro Bob. Isso mesmo: ela morava a poucos metros da Assembleia e costumava passear com o cão na Praça da Matriz, em frente ao parlamento, onde deveria cumprir expediente integral pelo salário, à época, de R$ 24,3 mil. A foto da servidora passeando na calçada da Assembleia virou um símbolo do descontrole sobre o cumprimento de jornada na casa.

A série de reportagens motivou intensos debates na Assembleia sobre de quem era a responsabilidade, quem havia atestado a efetividade da servidora que não trabalhava de forma integral, mas recebia todo o salário. Menos de um mês depois das publicações, a Assembleia aprovou a instalação de controle de ponto biométrico para funcionários. As resistências internas foram fortes, mas, dois anos depois, a medida se concretizou.

A servidora, que durante a repercussão do caso se aposentou, foi alvo de ações judiciais e condenada a devolver valores ao erário.

Desperdício nas escolas

Esse é daqueles assuntos que estava na nossa cara. Pipocava aqui e ali em publicações nas redes sociais de vereadores.

Eu recebi um "dossiê" em dezembro de 2022: uma lista que indicava compras feitas pela Prefeitura Municipal de Porto Alegre sem licitação, com suposto direcionamento para a aquisição referente a materiais didáticos que teriam sido comprados em quantidade excessiva, sem planejamento com as escolas e com problemas relativos à distribuição. Vale lembrar aqui que a fonte do dossiê era a mesma de outra investigação que fiz na Secretaria Municipal de Educação (Smed), em 2021.

Servidores que comecei a ouvir questionavam a utilidade dos livros, a real necessidade das compras. Mas como afirmar que o material não era adequado para o plano de ensino em andamento? Enquanto me debatia com esse desafio, surgiu outro elemento: que parte dos materiais – livros, *chromebooks* e itens esportivos – estava sem uso nas escolas ou ainda armazenada em depósitos?

Neste período, meu colega de GDI, Carlos Rollsing, fez uma reportagem sobre uma auditoria do Tribunal de Contas do Estado que mostrava irregularidades na compra de telas interativas para escolas. Com isso, reunimos esforços para mergulhar no assunto.

A dificuldade para acessar as escolas – a reportagem não tinha permissão para entrar sem autorização da Smed, o que poderia comprometer o flagrante que buscávamos – se resolveu com uma parceria com a vereadora Mari Pimentel (Novo), que estava fazendo visitas e inspeções. Foi assim que flagramos materiais empilhados dentro de escolas, sem uso. Funcionários reclamavam da falta de planejamento e da chegada repentina de livros em excesso.

Ao publicarmos a primeira fase da reportagem, a reação da prefeitura foi dizer que diretores destas "poucas" escolas não distribuíam o material por serem resistentes às novidades ou por terem posição político-partidária diferente da do governo municipal. Mas logo conseguimos flagrar muita quantidade destes materiais estocada em depósitos da Secretaria Municipal de Educação, ou seja, espaços sob gestão do governo, e não de professores supostamente resistentes.

Nesses locais, encontramos livros, computadores e centenas de itens esportivos. Dois depósitos tinham goteiras, umidades, fezes de pássaros e até ratos mortos em meio ao material comprado com dinheiro público e que deveria estar nas mãos de estudantes.

A cada publicação surgiam mais denúncias, e documentos internos sobre as compras chegavam para nossa análise. Duas Comissões Parlamentares de Inquérito (CPIs) foram abertas na Câmara de Vereadores para apurar possíveis irregularidades nas aquisições, feitas por meio de adesão à ata de registro de preços.

A Polícia Civil e o Ministério Público também abriram investigações. Também no começo de outubro, a prefeitura informou a conclusão de auditoria especial feita por causa das reportagens. A apuração interna confirmou as revelações feitas pelo GDI. A auditoria indicou, por parte da Smed, irregularidades no planejamento das compras, não conformidade dos procedimentos de pesquisa de preços, irregularidades no recebimento de materiais e erros formais nos processos de compra. Houve a determinação da abertura de uma sindicância para apurar a responsabilidade direta de servidores. Ainda teremos desdobramentos, mas, até o momento, o papel social dessa denúncia foi cumprido: os materiais comprados por milhões de reais chegaram às mãos dos estudantes da rede municipal.

As técnicas do ofício

*Humberto Trezzi**

Investigação jornalística não é receita de bolo. Pode nascer de várias maneiras: um telefonema, um e-mail, um WhatsApp de algum conhecido, uma nota de pé de página que desperta a atenção do repórter para algo que soa grandioso. Ou até mesmo da observação de uma cena no cotidiano.

E também variam muito os métodos para transformar a pauta (a dica) numa reportagem. Eles podem envolver análise de bancos de dados governamentais. Ou se caracterizar pela checagem de propagandas oficiais e publicidades privadas, até ver se o anunciado corresponde à verdade. Podem demandar longos períodos de observação dos suspeitos (a chamada campana, em gíria policial). E, inclusive, passar pela necessidade de o repórter ocultar sua identidade e/ou gravar, de forma discreta, conversas com o alvo (infiltração com câmera oculta ou com gravador). Em raras ocasiões, todas essas técnicas são usadas ao mesmo tempo. Em quatro décadas de profissão, já utilizei todas essas ferramentas. A seguir, descrevo o *making of* de algumas reportagens bem-sucedidas feitas para o GDI.

---

* Repórter do Grupo RBS.

Desvio de auxílio emergencial

Corria o mês de junho de 2020, e a maioria dos repórteres de *Zero Hora* atuava em *home office*, trabalhando em casa. Eu estava acendendo o fogo para o churrasco dominical, num dia de frio em meio à pandemia, quando o celular começou a tocar insistentemente. Com as mãos sujas de carvão, resolvi atender – num mundo movido a mensagens, o tilintar do telefone só poderia significar uma urgência. Do outro lado da linha, um conhecido que mora na Serra falou:

– Viste minha mensagem? Tenho uma bomba para vocês. Aqui na região só tem rico tirando o auxílio emergencial.

As frases ribombaram na minha cabeça. Ele falava do programa criado pelo governo federal para beneficiar pessoas que perderam emprego ou renda – ou ambos – em decorrência da covid-19. Eram parcelas que variavam de R$ 600 a R$ 1,2 mil, conforme o caso, uma ninharia para quem está bem de vida, mas vitais para quem estava sem serviço em consequência da pandemia. Minha fonte ficou de enviar uma lista de abonados da Serra que haviam tirado o auxílio emergencial. Os nomes estavam disponíveis num site do governo, mas ele sabia quem era quem. Só que impôs uma condição: que eu chamasse o Giovani Grizotti, da RBS TV, para fazer a reportagem junto. A justificativa, me disse, é que desejava ver tudo exposto no programa *Fantástico*, da Rede Globo.

E assim foi feito. Desliguei o telefone e contatei a chefe do GDI, Dione Kuhn. Sondei-a sobre a ideia e também sobre se valeria deixar de lado outras tarefas que eu tinha. Ela adorou a pauta e a proposta de fazermos com o Grizotti, desde que eu checasse antes se a dica tinha procedência. Farejador como é, o Grizotti topou na hora – e já enxergou um programa dominical a respeito.

Era o começo de uma investigação em que utilizamos Reportagem com Auxílio de Computador (RAC) e monitoramento de redes sociais para comprovar as irregularidades.

Recebemos da fonte a lista de beneficiados. Entramos no portal da transparência da Controladoria-Geral da União (CGU), acessamos a lista de nomes (por estado e município) e... bingo! Cada nome enviado constava como beneficiário de parcelas do auxílio emergencial. Depuramos homônimos, a partir do CPF. Restava ver se era, mesmo, gente que não se enquadrava nas regras do benefício (que é vetado a funcionários públicos e a pessoas com determinado padrão de renda).

Nos dividimos para monitorar as redes sociais dos alvos. Gol do Brasil: todos os mencionados na primeira listagem estavam muito bem de vida, como mostravam no Facebook e no Instagram. Grizotti lembrou então de uma dica na região do Alto Jacuí. Falou com a fonte e conseguiu nomes de vários beneficiários daquela área que não poderiam ter sacado o benefício governamental. Depois surgiram mais dicas no Planalto Médio (para meu colega) e no Vale do Taquari (para mim). Peneiramos dados, exaustivamente.

Aí o Grizotti e o cinegrafista Glaucius Oliveira se deslocaram para a Serra, onde fizeram diversas imagens dos alvos e de seus bens. Para ilustrar minha parte da matéria, usei imagens das próprias redes sociais dos beneficiários do auxílio mostrando uma vida de opulência, que jamais justificaria uso de um recurso governamental destinado aos pobres.

Tudo isso foi feito antes de ligar para os suspeitos. Sim, caro leitor: a cada reportagem, não basta denunciar. É preciso contatar os alvos e dar a eles a oportunidade de comentar as supostas irregularidades.

Até para nossa surpresa, nenhum dos beneficiados negou ter sacado o auxílio emergencial – sequer aqueles que se exibiam nas redes em praias paradisíacas, andando de lancha, a bordo de carros de luxo ou em mansões. O que a maioria deles tentou foi justificar a retirada dos R$ 600 mensais. Alguns disseram que tinham uma pequena empresa que quebrara na pandemia. Outros, que achavam que o dinheiro era destinado a qualquer pessoa que alegasse problemas financeiros, sem maiores controles governamentais (já que o governo primeiro paga e depois fiscaliza, por amostragem ou denúncia).

A matéria foi a principal do *Fantástico* em 28 de junho de 2020, bem como manchete de GZH e *Zero Hora*. Gerou picos de audiência. Dali em diante, começaram a chover relatos de beneficiados indevidamente. A série de reportagens perdurou inicialmente por quatro dias e começou com o título "Mau Uso do Auxílio Emergencial se Espalha no Rio Grande do Sul". Outras partes do material indicavam o potencial explosivo do assunto. É o caso de uma intitulada "Dono de vinícola e dentista estão entre os que receberam auxílio emergencial sem precisar". Confira um trechinho do texto:

"Entre os identificados pelo GDI como beneficiários do auxílio estão um arquiteto de renome e um sócio de imobiliária em Veranópolis. Uma dentista, donos de empresas e políticos (incluindo alguns de seus familiares) em Nova Roma do Sul. Uma funcionária pública em Nova Pádua. Um empresário em Encantado. E, também, a mulher de Espumoso que abre a reportagem e está com casamento marcado para acontecer em Punta Cana (na República Dominicana)."

Ao longo da semana, outros personagens se incorporaram ao rol de beneficiários mostrado pelas reportagens. A dona de um Mustang em Espumoso (norte do estado) e a filha dela, ambas bem de vida. A proprietária do veículo espalhou por meio de mensagens de áudio, ao admitir ter retirado o auxílio:

– Acho que vou trocar de moto, vou comprar um carro novo para mim. A (*nome da filha*) ganhou e já gastou o dela, que era R$ 600… Eu quero dar tanta risada...

Em sequência, outra reportagem do GDI relatou: "Até mesmo gaúchos que moram no Exterior foram contemplados com o auxílio emergencial".

Em Caxias do Sul, uma das mais corajosas repórteres que conheci, Lizie Antonello, comprovou que *socialites* notórias tinham sacado os R$ 600 destinados aos pobres. Ela publicou fotos das mulheres tomando champanha em restaurantes finos. E sofreu ameaças por isso, devidamente registradas na Polícia.

Uma outra matéria, feita pelos colegas Kelly Veronez e Everson Dornelles (ambos do interior do estado), mostrou: "Informações de mortos foram utilizadas para conseguir auxílio emergencial no RS". Os repórteres entrevistaram familiares de pessoas falecidas havia anos e cujos nomes constavam como beneficiárias da ajuda governamental. Pior: o dinheiro fora sacado por alguém. Os parentes desses que morreram, todos muito carentes, não receberam um centavo. Isso ficou comprovado porque não acessaram eletronicamente as contas bancárias nas quais o recurso era depositado, o que indica que golpistas invadiram o sistema e usaram o nome de mortos para pegar o dinheiro.

O resultado foi que 35 pessoas tiveram sua atitude no mínimo duvidosa exposta em rede nacional, via TV, rádio, site e jornal. Isso foi em junho. Em dezembro de 2020, eu voltei ao assunto com uma reportagem intitulada "Políticos gaúchos com bens entre R$ 1 milhão e R$ 4 milhões sacaram auxílio emergencial". O método de apuração foi parecido com o da reportagem do meio de 2020, com um acréscimo: pegamos os nomes de candidatos daquele ano (eleitos ou não) e cruzamos com a lista de contemplados com o benefício governamental para pobres, a da Transparência da CGU. Da checagem surgiu o nome de milionários (em bens), aspirantes a vereador e a prefeito que sacaram irregularmente o auxílio. Os nomes, fotos e perfis dos dez mais abonados foram publicados em GZH e *Zero Hora*. Só um deles negou ter sacado o dinheiro – e atribuiu isso a *hackers*.

E como ficou a situação dos envolvidos nas irregularidades mostradas pelo GDI? Alertados, o governo federal e o Ministério Público Federal chamaram essas pessoas para depor. Provaram que o saque tinha sido irregular, e a maioria fez acordo de não persecução penal: devolveu uma quantia até dez vezes maior que a sacada em troca de não ser processado judicialmente. Outros não aceitaram e continuam sendo processados.

O poder das facções

Uma das reportagens de maior repercussão das quais participei foi "O Poder das Facções", veiculada durante uma semana inteira em julho de 2018. Parceria minha com

Adriana Irion, com imagens de Isadora Neumann e Ronaldo Bernardi, a série foi dividida em dois eixos. No primeiro, retratamos como as facções criminosas da Região Metropolitana se enraizaram no interior, sobretudo na fronteira. No segundo eixo, mostramos como esses grupos criminosos lavavam dinheiro comprando edifícios inteiros, frotas de táxis e revendas de veículos.

Essa série teve uso de diversos instrumentos de investigação. Começou com a leitura de documentos oficiais, passou por viagens à fronteira, por uso de câmera oculta para acertar compra de armas na Argentina e, por último, pelo rastreamento de armas utilizadas em crimes. Tudo com muitos vídeos e áudios inéditos. Os títulos dão ideia do material coletado, e aqui vai breve explanação de como foram obtidas as informações.

"Quatro policiais uruguaios forneceram 423 armas para criminosos do RS": por meio de fontes uruguaias e brasileiras, conseguimos a lista de armas compradas por alguns policiais uruguaios e revendidas no Rio Grande do Sul. Ela mostrava o número de série de cada fuzil, escopeta e pistola apreendidos com criminosos gaúchos. De posse desses dados, fomos atrás de cada ocorrência de apreensão e verificamos em quais crimes essas armas estavam comprovadamente envolvidas (já que haviam sido encontradas durante prisões de criminosos). O resultado foi inédito. Apontamos qual policial tinha vendido que arma, que chefe de facção comprara a arma, em qual crime ela se envolveu. Três exemplos:

1) Rastreamos fuzis contrabandeados, que eram portados por uma quadrilha em tiroteio em frente a um hospital em Porto Alegre;

2) Informamos que a pistola comprada de um policial uruguaio fora usada por um bandido para matar, por engano, um empresário na capital gaúcha;

3) Evidenciamos, por documentos, que agentes uruguaios contrabandearam as armas usadas por um policial brasileiro que atuava como guarda-costas de um traficante.

Ainda na questão do contrabando, fechamos o material com um relato de como é fácil para brasileiros comprarem armas no Uruguai e Argentina (elas, lá, são de venda proibida a estrangeiros). A Isadora, atriz nata, fotografou fuzis à venda em lojas e acertou a compra de um revólver na cidade argentina de Mercedes. Fez isso em companhia do motorista Thomaz Edson e do fotógrafo Anderson Petrocelli.

"Crime organizado do RS atua rumo ao Exterior": comprovamos que assaltantes de Porto Alegre agiam na fronteira com o Uruguai e criavam filiais de sua facção naquela região. E como, na fronteira com a Argentina, duas facções metropolitanas monopolizavam o tráfico.

"O poder econômico das facções": o GDI retratou lancherias, prédios residenciais, revendas de veículos usados e frotas de táxi gerenciadas pelas facções, tudo lastreado em documentos oficiais, nunca revelados antes na mídia. Fotografamos tudo e revelamos os nomes dos envolvidos.

"Corrupção policial": o GDI mostrou como policiais de Porto Alegre transportavam armas e drogas para traficantes, mediante recompensa. E como prendiam os rivais deles.

As revelações impulsionaram ações da PF e do Ministério Público Federal (MPF), que resultaram em condenações de vários dos envolvidos.

Fraudes em concursos

Estabilidade é o sonho de milhões de brasileiros que todos os anos se submetem a concursos públicos. Os "concurseiros" almejam serviço com baixo risco de demissão, salário garantido e que independe da conjuntura econômica. O problema é que, às vezes, a seleção para ingresso nesse emprego vitalício é um jogo de cartas marcadas: são aprovados os candidatos que constam em secretas listas de afilhados do gestor.

Isso ficou claro após o Ministério Público Estadual (MP) abrir investigações sobre fraudes em 29 prefeituras e câmaras de vereadores do Rio Grande do Sul. Corria o ano de 2017, e a suspeita era de que os esquemas chegassem a cinquenta. Foi aí que o GDI resolveu abordar em profundidade o assunto. A apuração foi minha e do repórter Fábio Almeida. Contamos com a colaboração dos colegas Everson Dornelles, Fábio Lehmen, Gabriel Garcia, Jean Prado e Tiago Guedes, do interior do Estado.

Nesta reportagem, foram utilizadas técnicas como obtenção de documentos exclusivos repassados por fontes e uso de câmera oculta.

O primeiro passo foi ler as investigações a respeito de cada caso em apuração pelo MP. Depois, rastreamos nas redes sociais os organizadores de provas sob suspeita, os aprovados, seus endereços, seus perfis e fomos para a estrada. O objetivo – mostrar quem estava por trás das fraudes – foi alcançado. Até então, os nomes dos envolvidos só constavam em processos judiciais, mas não estavam ao alcance do público. Com câmera oculta, mostramos a reação dos beneficiados pelas fraudes ao serem confrontados com os indícios. O resultado foi a série "Fraudes em Concursos Públicos", publicada em maio de 2017 em *Zero Hora* e veiculada também na RBS TV e na Rádio Gaúcha.

Os títulos das matérias dão uma ideia do que foi encontrado e veiculado pelo GDI.

"Cristal do Sul: entre 26 aprovados, 23 parentes ou correligionários do prefeito e da vice"

"Itapuca: parentes do prefeito confessam golpe para aprovação"

"Capão Bonito do Sul: troca de notas a pedido da prefeitura"

"Paraí: vaga teria custado R$ 3 mil"

"Muliterno: empresa residencial teve dois concursos suspensos" (mostramos que a organizadora dos concursos funcionava na sala de uma residência, e o dono aplicava as mesmas questões em várias regiões do sul do Brasil)

"Bento Gonçalves: uma empresa e dois golpes"

"São Jorge: licitação combinada entre adversários"

"São Martinho: organizadora de concurso não atende em endereço fixo"

"Campestre da Serra: prefeita combina aprovações em telefonema para banca examinadora"

"Jacuizinho: crimes tiram vagas de aprovados por mérito" (nessa, entrevistamos candidatos que pontuaram bem, mas foram preteridos pelos "afilhados" dos organizadores do concurso).

O resultado é que aquilo que se comentava à boca pequena no interior ganhou rostos e perfis. Sem boatos, mediante comprovação jornalística. No campo criminal,

406 pessoas foram denunciadas por fraudes em concursos pelo MP, até a última contabilidade.

Furto de fios

Sinaleiras apagadas, buzinaços, longos congestionamentos, guardas de trânsito atarantados, tentando controlar a impaciência dos motoristas. Esse era o cenário cotidiano em Porto Alegre nos primeiros meses de 2023, causado pelo furto de cabos de eletricidade e telefonia. Resolvi pesquisar as estatísticas.

Fiquei espantado ao descobrir que a Empresa Pública de Transporte e Circulação (EPTC) de Porto Alegre registrara, entre janeiro e abril de 2023, 168 ocorrências de furtos de cabos de cobre, totalizando 11,4 mil metros de fiação subtraída. A quantidade furtada era 35% maior do que a registrada em 2022, quando foram levados 8,4 mil metros de fios. Em 2021, haviam sido 3,2 mil metros. Ou seja, a intensidade do crime praticamente triplicara em dois anos (256%).

Enquanto isso, o número de detidos no mesmo período aumentou 27%, quase dez vezes menos do que a proporção de cabos da EPTC furtados.

O editor Jaime Silva, que coordenava o GDI em GZH e *Zero Hora*, propôs que o grupo investigasse a questão. Fomos escalados para a missão eu e Lucas Abati, da Rádio Gaúcha. A ideia foi encampada pelo diretor de Jornalismo de Jornais e Rádios do Grupo RBS, Nilson Vargas, que sugeriu participação também de Giovani Grizotti, da RBS TV. Disso resultou a série "O que está por trás do furto de cabos em Porto Alegre".

A reportagem partiu de documentos e vídeos exclusivos repassados por fontes, incluiu infiltração do repórter entre usuários de drogas, uso de gravador e câmera oculta e campana (vigilância sobre os alvos).

Em duas semanas de investigação, o GDI conversou com criminosos, suspeitos de receptação e policiais. Constatou que o furto de fios e cabos havia virado endêmico, em decorrência do alto preço alcançado pela mercadoria. O cobre, pela alta condutividade elétrica, é o material mais usado pelas empresas de energia e, portanto, o mais visado. Era revendido a R$ 17 o quilo antes da pandemia. Passou para R$ 40 o quilo durante a pandemia. Em 2023, alcançou média de R$ 50 o quilo.

Depois de receptado em ferros-velhos, o cobre vai para fundições, onde é transformado em grânulos, para facilitar o transporte. Em alguns casos, vira matéria-prima para peças feitas em metalúrgicas. Em outros, volta a virar fio, só que revendido no Exterior. Muitas vezes, retorna ao Brasil como matéria-prima para eletrônicos ou objetos de metal.

Usuários de *crack* são os principais autores de furtos de fios em Porto Alegre. Vendem o metal em locais de compra de sucata. Os sucateiros pagam em dinheiro, transformado em droga pelos viciados.

Como constatamos tudo isso? As primeiras conversas foram com policiais, que nos franquearam inquéritos. A partir deles, localizamos os principais pontos de receptação e de furto.

Eu fiz o levantamento de cerca de trinta locais de compra de sucata. O Lucas Abati, usando roupas surradas, se passou por viciado em *crack* e se misturou com os usuários desta droga nas proximidades da Estação Rodoviária de

Porto Alegre. Conseguiu gravar com eles, sem ser percebido, a dinâmica da venda de fios para receber alguns trocados, logo torrados na compra da "pedra" de *crack*. Para retirá-lo do ponto de venda de drogas, fui até lá (acompanhado do motorista Lídio Damasceno, em carro discreto) e simulei ser pai do Abati, levando o filho viciado para casa.

O Grizotti e o Glaucius Oliveira, também em vestimentas simples, foram aos ferros-velhos tentar vender fios de origem duvidosa. Para isso, eu intermediei o empréstimo de cabos furtados e que já tinham sido recuperados por uma concessionária de serviços públicos. Para evitar que um crime fosse cometido, fotografamos os fios da dimensão exata à levada dos postes de Porto Alegre. A ideia era mostrar aos compradores em potencial: eles não deveriam desconfiar.

Só que desconfiaram. Descobrimos, a duras penas, que a maioria dos receptadores só costuma adquirir fios furtados de pessoas que conhecem. Essa parte da reportagem ficou prejudicada pela suspeita dos alvos, que viviam fase de dura repressão policial e da Guarda Municipal.

Grizotti, Abati e eu, cada um com suas fontes, conseguimos vídeos impressionantes da ação dos ladrões: pendurados em fios para arrebentá-los, escavando a grama para levar fiação subterrânea, usando escadas para escalar postes, cortando o fio e deixando no mesmo segundo dois quarteirões no escuro...

Faltava o arremate: mostrar a queima da capa dos fios. É provável que o leitor já tenha se deparado com fogueiras à beira das principais avenidas de Porto Alegre, que enfumaçam o ambiente e colocam em risco de colisão os motoristas. Muitas delas são provocadas por "craqueiros", que precisam entregar a fiação desencapada aos receptadores, de modo que o produto furtado não possa ser identificado pelas autoridades.

Consegui surpreender ladrões incendiando cabos ao ar livre nas proximidades da Arena do Grêmio. A soma destas imagens com a dos criminosos furtando fios nos postes, dos locais de receptação e dos pontos de uso de *crack* por parte dos viciados rendeu um vídeo espetacular, veiculado no site GZH e na televisão. Foram também entrevistadas vítimas variadas, de comerciantes a moradores de prédios que ficaram às escuras várias vezes, além dos gerentes de concessionárias de serviços telefônicos e elétricos.

Por último, mostramos casos de pessoas presas com centenas de quilos de fios furtados (por vezes, toneladas) e liberadas pela Justiça menos de 24 horas depois. É que, por não envolver violência, o furto não prevê reclusão do criminoso, mas outros tipos de medidas restritivas, alternativas à cadeia. É prevista a suspensão do processo ou acordo de não persecução penal. De 89 flagrados pela Guarda Municipal por furto de fios nos três primeiros meses de 2023, apenas seis chegaram a ficar presos – por algumas horas.

A exposição do problema levou ao reforço da ação contra os ladrões e receptadores de fios. Em consequência, os apagões de sinaleiras e da iluminação pública diminuíram bastante no restante de 2023.

Atos radicais

O Brasil vivenciou em 2022 as mais tensas eleições em décadas. Candidato por uma coligação de centro-esquerda, Luiz Inácio Lula da Silva (PT) venceu o pleito presidencial com menos de 2% de vantagem nos votos em relação ao seu rival de direita, Jair Bolsonaro (PL). Bastou o resultado ser anunciado oficialmente para que centenas de milhares de eleitores do candidato derrotado se deslocassem para as principais estradas brasileiras, bloqueadas em protesto contra o que alegavam ser uma fraude eleitoral. Alguns avisavam, a plenos pulmões: só saímos quando o Exército tomar o poder.

O Grupo RBS, assim como toda a imprensa nacional, formou forças-tarefas para cobrir os bloqueios de estradas. Esses vigoraram por cerca de duas semanas, foram desmanchados pelas forças policiais e substituídos, em termos de manifestações, por piquetes nas portas de quartéis das Forças Armadas.

Alguns consideravam hilários os protestos de gente vestida de verde e amarelo dos pés à cabeça, outros levavam a sério, a ponto de bater continência para pneus fumegantes nos piquetes das rodovias. Tanto nas estradas quanto à porta dos quartéis aconteceram alguns confrontos, discussões, tensão. E foi decidido que o GDI deveria investigar quem eram os impulsionadores, organizadores e financiadores dos atos que pediam golpe militar.

A tarefa caiu para mim. Vestido de forma discreta, passei a frequentar as manifestações próximas aos quartéis no centro de Porto Alegre. Fotógrafos se revezavam para retratos, à distância, fingindo me desconhecer. Ouvi muito, falei pouco. Fui anotando o que via, a organização, os manifestantes mais inflamados (que se identificavam ao microfone).

Para a reportagem, utilizamos documentos exclusivos repassados por fontes, rastreamento de redes sociais dos radicais e infiltração em grupos de extrema direita.

Um dos que me apoiou foi outro integrante do GDI, o repórter Eduardo Matos. Num mesmo dia, eu e ele recebemos dois documentos oficiais a respeito dos protestos. Um deles, feito pela Polícia Civil a pedido do Supremo Tribunal Federal (STF), identificava líderes das manifestações. Rendeu a reportagem "Rio Grande do Sul é o Estado com mais pessoas identificadas por envolvimento em protestos contra eleições no país", feita por mim e pelo Matos.

O outro documento era produzido pela Brigada Militar, nos mesmos moldes. Rendeu a reportagem "Brigada Militar identifica supostos líderes de manifestações contra o resultado das eleições e encaminha lista ao STF".

Faltava fazer uma apuração própria que superasse o cotidiano. Tratei de buscar ajuda com fontes, no interior e na capital. Um conhecido de Santa Cruz do Sul me enviou *prints* de conversas dos grupos prometendo marchar a Brasília para impedir a posse de Lula. Consegui, de forma discreta, monitorá-los pelo WhatsApp e pelo Telegram, em tempo real. Planejavam sem dissimulações impedir "que o Barba suba a rampa do Planalto". Alguns posavam para fotos com fuzis (são atiradores). Todos de verde e amarelo, alguns enrolados em bandeiras do Brasil, reproduziam em vídeos suas próprias performances em frente a quartéis e em bloqueios de estradas, convocando os "patriotas" a conclamar o Exército para intervir no governo. A volta de um regime militar, enfim. Entre esses extremistas, vários eram cabos eleitorais de parlamentares.

De outra parte do estado, no norte, recebi relatos de gente agredida pelos extremistas de direita por terem feito campanha para Lula. E também de políticos da Serra que participaram dos bloqueios e ameaçaram motoristas.

De Porto Alegre, consegui documentos que mostravam como foi organizado o acampamento em frente ao Comando Militar do Sul (CMS). Gravei um dos organizadores, vindo de Gramado. Falei com a assessora de uma vereadora porto-alegrense que conseguiu a montagem dos banheiros químicos no acampamento. E também obtive vídeos de políticos conclamando a população a acampar em frente às unidades militares até que Bolsonaro fosse declarado vencedor das eleições.

De Santa Catarina, obtive vídeos de empresários conclamando caminhoneiros a pararem as estradas do Brasil, de norte a sul, até que fosse comprovada a "fraude eleitoral" (a eleição de Lula, no entender deles).

De Brasília, consegui relatos sobre parlamentares gaúchos que frequentaram o QG da resistência bolsonarista à posse de Lula, uma casa alugada pelo PL. Os deputados não negaram, só minimizaram sua participação.

O resultado da apuração foi publicado num suplemento em *Zero Hora* e no site GZH. Os principais títulos dão ideia do conteúdo:

"Como se organizam os grupos que impulsionam protestos contra o resultado das urnas"

"A linha de frente e a rede de apoio por trás dos atos que contestam o resultado da eleição presidencial"

"Atos que pedem intervenção militar contam com campanhas de arrecadação e apoio de políticos e empresários"

A série de reportagens foi intitulada "Como se Organizam e Agem os Manifestantes que Pedem Intervenção Militar". Alguns incentivadores das manifestações, citados nela, são investigados.

Cadê as creches?

No início de 2022, Adriana Irion, em férias, recebeu uma dica e me repassou: dirigentes municipais de educação estavam sendo nomeados para gerenciar creches inexistentes. Contatei fontes que nos remeteram ao Diário Oficial de Porto Alegre (Dopa). Lá, efetivamente, constavam as nomeações de diretor e vice-diretor para duas escolas infantis da capital, ambas com a construção inacabada e situadas na zona norte: a Colinas da Baltazar e a Raul Cauduro. Nos dois casos, as vagas haviam sido ocupadas por Funções Gratificadas (FGs, espécie de cargo de confiança da gestão municipal), já que não havia FGs disponíveis na administração centralizada. Uma irregularidade, corrigida com a anulação das nomeações logo após as reportagens.

Mas o fato de serem escolas abandonadas nos chamou a atenção. Com o fotógrafo Ronaldo Bernardi por companhia, retomei um antigo problema: retratamos o abandono de creches cuja construção fora interrompida em Porto Alegre. Eram sete. Percorremos todas, nas zonas sul e norte. Durante três governos houve promessas de retomada dessas obras, que começaram, na maioria, em 2013. Sem sucesso. Algumas estavam quase prontas, outras viraram ruínas. Em todas crescia o capim. Todas sofriam com depredações e invasões de pessoas sem-teto.

A partir desse cenário, o editor do GDI para o site GZH e para *Zero Hora*, Jaime Silva, me fez uma provocação: quantas creches abandonadas existiam no Estado? Será que os nomes de construtoras que interromperam a obra se repetiam?

Desafio aceito, fui atrás dos sites de transparência da CGU e do Ministério da Educação (MEC). Neles é possível verificar a situação de cada obra, em andamento ou paralisada. Eu já sabia que todas as creches abandonadas em Porto Alegre eram do Programa Nacional de Reestruturação e Aquisição de Equipamentos para a Rede Escolar Pública de Educação Infantil (Proinfância), um ambicioso projeto do governo Dilma Rousseff (PT), lançado em 2012 e cuja meta era criar mais de 20 mil escolas infantis no país para zerar ou diminuir ao máximo o déficit de vagas nesse campo. Só para o Rio Grande do Sul seriam 1.843 creches e quadras esportivas.

Abri as planilhas dos sites e, após muita pesquisa, descobri que 853 das 1,8 mil creches e quadras não haviam sido concluídas. Ou foram canceladas (tinham apenas contrato, sem obra), ou permaneceram inacabadas (com contrato finalizado antes de a obra terminar) ou paralisadas (contrato vigente, mas construção parada).

Antes de ir a campo retratar essa desgraça, precisava esclarecer dois mistérios: se alguma construtora em especial se destacava por não ter honrado os contratos e por que as obras pararam. Foram mais alguns dias mergulhado em planilhas. Abri os dados e verifiquei a situação das 853 obras não concluídas, uma a uma. Pesquisei os contratos e verifiquei quem tinha firmado compromisso com o governo.

Adivinhe: dos 853 projetos do Proinfância que não vingaram em território gaúcho, 202 eram de uma mesma construtora, fruto de uma sociedade firmada por duas indústrias do Rio Grande do Sul. A empreiteira chegou a fazer doze escolas (6% das contratadas) e começou outras 41 creches, mas elas tiveram a construção interrompida e, dez anos depois do contrato, permaneciam abandonadas e sem planos de recuperação. Constatei que a situação registrada em território gaúcho se repetia Brasil afora, com obras da empreiteira rio-grandense.

Pesquisei a história dos contratos e descobri que a empresa fora uma das vencedoras da licitação do Proinfância mediante promessa de construção rápida de prédios escolares, com substituição de tijolos por um polímero (com fibra de vidro), material mais leve. Seria mais ágil e limpo do que a alvenaria tradicional. Só que a construtora não conseguiu fabricar as escolas previstas no prazo estabelecido. Alegou dificuldades financeiras por falta de repasses de recursos estatais e pediu reajustes de preços, não concedidos pelas prefeituras – que teriam descumprido ainda outros acordos, como preparar terrenos.

Mesmo após várias reuniões com o governo federal, que tiveram mediação do Legislativo e das federações de municípios, a construtora gaúcha não conseguiu cumprir os contratos e abandonou as obras. Entrou em recuperação judicial, trocou de nome e toda a questão foi parar na Justiça.

O GDI encontrou 58 ações a respeito das creches inconclusas da construtora gaúcha. Elas tramitam em nove estados: Rio Grande do Sul, Sergipe, Bahia, Maranhão, Pernambuco, Piauí, Espírito Santo, Alagoas e São Paulo. Quase todas solicitavam indenização. Pelo menos duas eram ações criminais. Só no RS encontramos 21 processos. Alguns deles já resultaram em condenação contra a empreiteira e seus dirigentes, que recorrem contra a decisão.

A construtora também moveu processos contra o governo federal, exigindo repasse de verbas que haviam sido adiadas no início dos contratos. Essas causas permanecem sem julgamento.

Restava retratar o abandono. O escolhido foi o fotógrafo André Ávila, um sujeito de apurado senso estético. Ele optou por fazer fotos e vídeos de pais e avós dentro das ruínas das creches abandonadas, junto com as crianças que deveriam ter estudado nesses locais. Cada um deles relatou a tremenda dificuldade que foi trabalhar sem ter onde deixar os filhos e netos, porque a escola prometida jamais virou realidade.

Mostramos também o que pode ser feito para evitar que situações como essas se repitam. Como o leitor pode constatar, a investigação incluiu Reportagem com Auxílio de Computador (RAC), rastreamento de documentos e bancos de dados oficiais.

A série de reportagens, intitulada "Cadê as Creches?", resultou na abertura de investigações por parte do Ministério Público Federal (MPF).

O papel do jurídico

*Débora Dalcin**

O primeiro dever do bom jornalismo é a busca da verdade, princípio fundamental da liberdade de imprensa. E a missão do jurídico de um grupo de comunicação que tem como propósito "a defesa intransigente da liberdade de expressão por identificá-la como esteio da democracia e como direito inalienável do público"** é atuar de forma incansável na defesa da liberdade de imprensa, em atenção aos princípios constitucionais previstos no artigo 5º da Constituição Federal,*** em especial a livre manifestação do pensamento,**** a livre expressão da atividade intelectual, artística, científica e de comunicação, independentemente de censura,***** e a liberdade de informação, assegurado o sigilo da fonte, quando

* Advogada, consultora jurídica do Grupo RBS.

** Grupo RBS, *Guia de ética e autorregulamentação jornalística*. Grupo RBS - Porto Alegre: RBS Publicações, 2011, p. 6.

*** Constituição da República Federativa do Brasil, promulgada no dia 5 de outubro de 1988.

**** Constituição Federal, art. 5º, IV - "é livre a manifestação do pensamento, sendo vedado o anonimato".

***** Constituição Federal, art. 5º, IX - "é livre a expressão da atividade intelectual, artística, científica e de comunicação, independentemente de censura ou licença."

necessário ao exercício profissional,* e ao disposto no art. 220, parágrafos 1º e 2º da Constituição Federal.**

A imprensa séria e independente editorialmente tem sido a voz dissonante a demandar transparência pública, e o Grupo de Investigação do Grupo RBS (GDI) tem buscado ao longo dos anos combater os malfeitos e ser um denunciador do que a sociedade precisa saber, com pautas de relevância para a vida política e social das comunidades.

Neste contexto, o papel do jurídico é apoiar, auxiliar tecnicamente, alertar, questionar, mas a decisão sobre a publicação ou não de uma reportagem é sempre eminentemente editorial.

O Grupo RBS defende a adoção e estimula a aplicação dos princípios expressos na Declaração de Chapultepec, assinada por chefes de Estado durante a Conferência Hemisférica sobre Liberdade de Expressão realizada na Cidade do México em 11 de março de 1994. Tais princípios são a base de sociedades que reconhecem na imprensa livre um dos fundamentos essenciais da democracia.***

---

* Constituição Federal, art. 5º, XIV – "é assegurado a todos o acesso à informação e resguardado o sigilo da fonte, quando necessário ao exercício profissional".

** Art. 220. "A manifestação do pensamento, a criação, a expressão e a informação, sob qualquer forma, processo ou veículo não sofrerão qualquer restrição, observado o disposto nesta Constituição.
§ 1º Nenhuma lei conterá dispositivo que possa constituir embaraço à plena liberdade de informação jornalística em qualquer veículo de comunicação social, observado o disposto no art. 5º, IV, V, X, XIII e XIV.
§ 2º É vedada toda e qualquer censura de natureza política, ideológica e artística."

*** Grupo RBS. *Guia de ética e autorregulamentação jornalística*. Grupo RBS – Porto Alegre: RBS Publicações, 2011, páginas 44, 45.

Declaração de Chapultepec: "Uma imprensa livre é condição fundamental para que as sociedades resolvam seus conflitos, promovam o bem-estar e protejam sua liberdade. Não deve existir nenhuma lei ou ato de poder que restrinja a liberdade de expressão ou de imprensa, seja qual for o meio de comunicação. Porque temos consciência dessa realidade e a sentimos com profunda convicção, firmemente comprometidos com a liberdade, subscrevemos esta declaração com os seguintes princípios:

I – Não há pessoas nem sociedades livres sem liberdade de expressão e de imprensa. O exercício dessa não é uma concessão das autoridades, é um direito inalienável do povo.

II – Toda pessoa tem o direito de buscar e receber informação, expressar opiniões e divulgá-las livremente. Ninguém pode restringir ou negar esses direitos.

III – As autoridades devem estar legalmente obrigadas a pôr à disposição dos cidadãos, de forma oportuna e equitativa, a informação gerada pelo setor público. Nenhum jornalista poderá ser compelido a revelar suas fontes de informação.

IV – O assassinato, o terrorismo, o sequestro, as pressões, a intimidação, a prisão injusta dos jornalistas, a destruição material dos meios de comunicação, qualquer tipo de violência e impunidade dos agressores, afetam seriamente a liberdade de expressão e imprensa. Esses atos devem ser investigados com presteza e punidos severamente.

V – A censura prévia, as restrições à criação dos meios ou à divulgação de suas mensagens, a imposição arbitrária de informação, a criação de obstáculos ao livre fluxo informativo e as limitações ao livre exercício e movimentação dos jornalistas se opõem diretamente à liberdade de imprensa.

VI – Os meios de comunicação e os jornalistas não devem ser objeto de discriminações ou favores em função do que escrevam ou digam.

VII – As políticas tarifárias e cambiais, as licenças de importação de papel ou equipamento jornalístico, a concessão de frequências de rádio e televisão e a veiculação ou supressão de publicidade estatal não devem ser utilizadas para premiar ou castigar os meios de comunicação ou os jornalistas.

VIII – A incorporação de jornalistas a associações profissionais ou sindicais e a filiação dos meios de comunicação a câmaras empresariais devem ser estritamente voluntárias.

IX – A credibilidade da imprensa está ligada ao compromisso com a verdade, à busca da precisão, imparcialidade e equidade e à clara diferenciação entre as mensagens jornalísticas e as comerciais. A conquista desses fins e a observância desses valores éticos e profissionais não devem ser impostas. São responsabilidades exclusivas dos jornalistas e dos meios de comunicação. Em uma sociedade livre, a opinião pública premia ou castiga.

X – Nenhum meio de comunicação ou jornalista deve ser sancionado por difundir a verdade, criticar ou fazer denúncias contra o poder público."

É com fundamento no disposto na Constituição Federal, na Declaração de Chapultepec, na Declaração Universal dos Direitos Humanos, no Código de Ética e Conduta do Grupo RBS e no Guia de Ética e Autorregulamentação Jornalística do Grupo RBS que todos os dias nas redações do Grupo RBS nossos jornalistas se dedicam de forma incansável ao exercício da atividade de imprensa, fundamental para sociedades democráticas.

Com responsabilidade, credibilidade e independência, amparados pelo Conselho Editorial do Grupo RBS – que é responsável pela linha editorial do Grupo RBS e atua de forma a gerar contribuições relevantes para fortalecer o jornalismo, promovendo a evolução de nossas práticas e premissas e reforçando a conexão do Grupo RBS com o público –, os jornalistas do GDI têm o apoio fundamental para exercer sua profissão.

Segurança jurídica

Neste cenário, cabe ao jurídico do Grupo RBS garantir a segurança jurídica necessária para o livre exercício da liberdade de imprensa, permitindo que os jornalistas trabalhem com independência editorial, pluralismo, pluralidade e responsabilidade.

A partir dessas premissas, o jurídico se insere na rotina das redações sempre à disposição dos editores e jornalistas, discutindo pautas desde o início até a publicação e/ou divulgação, compartilhando conhecimento, questionando, discutindo de modo a contribuir para a produção de conteúdo jornalístico de qualidade, com metodologia, checagem de dados e credibilidade capazes de amparar as publicações.

Perseguimos a precisão. Os jornalistas devem fazer as perguntas básicas de todo processo de apuração de fatos: quem, o quê, quando, onde, como, por quê?

Das mais diversas formas e pelas mais diversas fontes, fatos de relevante interesse público chegam ao conhecimento das redações e dos profissionais do Grupo de Investigação que, em conjunto com os editores e com o suporte do jurídico, quando necessário, dão início a uma investigação independente dos fatos.

E, nessa rotina, os desafios são muitos.

O primeiro deles é assegurar que os jornalistas tenham tranquilidade e segurança para a realização do seu trabalho. Infelizmente, não raro verificamos as mais diversas tentativas de intimidação, seja por ataques em redes sociais, seja pela realização de ameaças contra profissionais.

Nas palavras de Patrícia Blanco, presidente do Instituto Palavra Aberta:*

"Não é de hoje que o papel da imprensa tem sido altamente questionado e colocado em xeque. Também não é de hoje que nos deparamos com exemplos cada vez mais comuns de ameaças contra jornalistas no exercício da sua atividade profissional. Ameaças de todos os tipos, de xingamentos, ofensas, ataques virtuais, campanhas de difamação, até agressões que, infelizmente, transcendem as redes sociais

---

* Blanco, Patrícia. Presidente do Instituto Palavra Aberta – https://educamidia.org.br/o-jornalismo-e-as-perguntas-que-incomodam.

a passam a representar risco real de violência física que, em casos mais graves, resultam até em mortes.

"O jornalista é o mensageiro. Não se hostiliza nem se mata o mensageiro. Esse código de ética existe e é respeitado desde a mais remota antiguidade. Mas não é o que tem prevalecido nos nossos dias. A truculência contra esses profissionais tem sido uma constante.

"Ameaças e tentativas de intimidação contra jornalistas são também ameaças ao nosso direito à informação, pois é por meio da imprensa que a sociedade se informa, se manifesta, emite opiniões, vigia, denuncia e cobra dos poderes e das instituições o funcionamento daquilo que entendemos como democracia.

"É o ambiente democrático, garantido pela Constituição de 1988, que permite também que o jornalista exerça uma das suas principais funções: a de fazer perguntas incômodas a quem quer que seja, desde que tenha como pressuposto básico o interesse público. O interesse da sociedade deve estar sempre em primeiro plano. Nesse sentido, perguntas incisivas fazem parte do rol de atividades de todo profissional que atue seguindo critérios éticos e métodos profissionais e transparentes, mesmo que tais perguntas causem desconforto e possíveis conflitos.

"A escalada de ataques à imprensa revela também um fator ainda mais preocupante. Por muito tempo, acreditou-se que os leitores e consumidores de informação entendiam como funcionava a prática jornalística, desde a pauta, apuração, redação, edição até a publicação. Mas o que tem ficado cada vez mais claro é a falta de conhecimento sobre a real função da imprensa e do jornalismo independente, que por todo esse tempo ignorou esse contexto.

"Mostrar o passo a passo, os critérios adotados, os manuais criados pelos veículos, quem são os autores das matérias, quem são os proprietários das empresas e quem financia os veículos, de forma transparente, passou a ser fundamental para que o funcionamento e a importância da imprensa fiquem, enfim, evidentes.

"Mais fundamental ainda é reforçar a todos e todas que a liberdade de imprensa não é um bem do veículo de comunicação ou do jornalista, mas de toda a sociedade, sem exceção. E cabe à sociedade, ou seja, a todos nós, defender esse direito de toda e qualquer ameaça, sob o risco de, ao admitir que intimidações passem a ser normais, estarmos sendo coniventes com práticas autoritárias que venham desaguar em graves restrições ao direito de informar e ser informado, ao direito ao acesso a informações de interesse público e, em última instância, ao próprio direito à livre manifestação do pensamento.

"Como bem disse a ministra Cármen Lúcia: 'As normas garantidoras da liberdade de informar e ser informado, na base da qual se tem a liberdade de imprensa, estão em vigor. Há que se cuidar de preservá-las e mantê-las sempre efetivas. A tarefa é contínua e ininterrupta. Mas a democracia sempre vale a pena. Sem ela, é a uniformidade que desiguala, o silêncio que ensurdece, a desinformação que angustia'."

Repúdio à censura

Neste contexto, muitas vezes, quando procurados para o contraponto, personagens de matérias jornalísticas flertam com a censura e buscam provimento jurisdicional de controle da liberdade, em evidente tentativa de limitar a atuação da imprensa e os princípios da liberdade de expressão e de informação, fundamentais ao estado democrático de direito.

Sobre o tema, o ex-ministro do Supremo Tribunal Federal, Marco Aurélio Mello,* assim se posiciona:

> "A censura, nas diferentes formas pelas quais se manifesta, merece todo o repúdio. A restrição às liberdades de expressão e de imprensa é própria dos déspotas. A livre manifestação do pensar e opinar, do escrever e falar sobre os mais variados temas, de receber e transmitir informações e ideias é uma das conquistas civilizatórias mais elementares. É, ao mesmo tempo, direito fundamental e condição de exercício de outros direitos fundamentais. A livre circulação de pensamento e dados representa o único meio capaz de formação de um consciente coletivo abrangente e imparcial."

É inequívoco que qualquer tentativa de censura afronta o disposto na Constituição Federal e o controle de constitucionalidade realizado pelo Supremo Tribunal Federal (STF) no histórico julgamento da ARGUIÇÃO DE DESCUMPRIMENTO DE PRECEITO FUNDAMENTAL– ADPF 130.**

---

* MELLO, Marco Aurélio. É preciso valorizar a liberdade. *In*: PASKIN NETO, Max. *O direito de ser rude: liberdade de expressão e imprensa*. Curitiba: Bonijuris, 2015. p. 15.

** ADPF 130. STF. Rel. Min. AYRES BRITTO, Pleno, DJe de 6 de novembro de 2009.

Qualquer tentativa de imposição de censura prévia à atividade de imprensa tem imediata atuação e resposta do jurídico do Grupo RBS para assegurar que seja garantido o livre exercício do direito de informar.

É inadmissível impor o silêncio aos veículos de comunicação, não permitindo sequer que a informação, embora inequivocamente permeada por interesse público, seja levada ao conhecimento da sociedade, viabilizando a formação livre, consciente e crítica de opinião.

Ao apreciar Arguição de Descumprimento de Preceito Fundamental nº 130,* da relatoria do ministro Carlos Ayres Britto, o Supremo Tribunal Federal rechaçou qualquer possibilidade de se realizar prévia censura da atividade da imprensa. Da ementa da decisão, se extrai:

> "ARGUIÇÃO DE DESCUMPRIMENTO DE PRECEITO FUNDAMENTAL (ADPF). LEI DE IMPRENSA. ADEQUAÇÃO DA AÇÃO. REGIME CONSTITUCIONAL DA 'LIBERDADE DE INFORMAÇÃO JORNALÍSTICA', EXPRESSÃO SINÔNIMA DE LIBERDADE DE IMPRENSA. A 'PLENA' LIBERDADE DE IMPRENSA COMO CATEGORIA JURÍDICA PROIBITIVA DE QUALQUER TIPO DE CENSURA PRÉVIA. [...] RELAÇÃO DE MÚTUA CAUSALIDADE ENTRE LIBERDADE DE IMPRENSA E DEMOCRACIA. RELAÇÃO DE INERÊNCIA ENTRE PENSAMENTO CRÍTICO E IMPRENSA LIVRE. A IMPRENSA COMO INSTÂNCIA NATURAL DE FORMAÇÃO DA

---

* ADPF 130. STF. Rel. Min. Ayres Britto, j. 30 de abril de 2009, Pleno, DJe de 6 de novembro de 2009.

OPINIÃO PÚBLICA E COMO ALTERNATIVA À VERSÃO OFICIAL DOS FATOS. [...] O corpo normativo da Constituição brasileira sinonimiza liberdade de informação jornalística e liberdade de imprensa, rechaçante de qualquer censura prévia a um direito que é signo e penhor da mais encarecida dignidade da pessoa humana, assim como do mais evoluído estado de civilização. [...] Não há liberdade de imprensa pela metade ou sob as tenazes da censura prévia, inclusive a procedente do Poder Judiciário, pena de se resvalar para o espaço inconstitucional da prestidigitação jurídica. [...] O exercício concreto da liberdade de imprensa assegura ao jornalista o direito de expender críticas a qualquer pessoa, ainda que em tom áspero ou contundente, especialmente contra as autoridades e os agentes do Estado. A crítica jornalística, pela sua relação de inerência com o interesse público, não é aprioristicamente suscetível de censura, mesmo que legislativa ou judicialmente intentada. O próprio das atividades de imprensa é operar como formadora de opinião pública, espaço natural do pensamento crítico e 'real alternativa à versão oficial dos fatos'. [...] A uma atividade que já era 'livre' (incisos IV e IX do art. 5º), a Constituição Federal acrescentou o qualificativo de 'plena' (§ 1º do art. 220). Liberdade plena que, repelente de qualquer censura prévia, diz respeito à essência mesma do jornalismo (o chamado 'núcleo duro' da atividade). Assim entendidas as coordenadas de tempo e de conteúdo da manifestação do pensamento, da informação e da criação lato sensu, sem o que não se tem o desembaraçado trânsito das ideias e opiniões, tanto quanto da informação e da criação. [...] Ou, nas palavras do Ministro Celso de Mello, 'a censura governamental, *emanada de qualquer um dos três Poderes*, é a expressão odiosa da face autoritária do poder público.'"*

De forma especial, afirmou o voto do ministro relator Ayres Britto que "*no limite, as relações de imprensa e as relações de intimidade, vida privada, imagem e honra são de mútua excludência, no sentido de que as primeiras se antecipam, no tempo, às segundas; ou seja, antes de tudo prevalecem as relações de imprensa como superiores bens jurídicos e natural forma de controle social sobre o poder do Estado, sobrevindo as demais relações como eventual responsabilização ou consequência do pleno gozo das primeiras*:

"Se é assim, não há opção diferente daquela que seguramente fez o nosso Magno Texto Republicano: consagrar a plenitude de uma liberdade tão intrinsecamente luminosa que sempre compensa, de muito, de sobejo, inumeravelmente, as quedas de voltagem que lhe infligem profissionais e organizações aferrados a práticas de um tempo que estrebucha, porque já deu o que tinha de dar de voluntarismo, chantagem, birra, perseguição. Esparsas nuvens escuras a se esgueirar, intrusas, por um céu que somente se compraz em hospedar o sol a pino. Exceção feita, já o vimos, a eventuais períodos de estado de sítio, mas ainda assim 'na forma da lei'. Não da vontade caprichosa ou arbitrária dos órgãos e autoridades situados na cúpula do Poder Executivo, ou mesmo do Poder Judiciário.

---

* ADPF 130, STF. Rel. Min. Carlos Ayres Britto, Pleno, j. em 30 de abril de 2009, DJe 6 de novembro de 2009.

"[...] Mas é claro que os dois blocos de dispositivos constitucionais só podem incidir mediante calibração temporal ou cronológica: primeiro, assegura-se o gozo dos sobredireitos (falemos assim) de personalidade, que são a manifestação do pensamento, a criação, a informação, etc., a que se acrescenta aquele de preservar o sigilo da fonte, quando necessário ao exercício da profissão do informante, mais a liberdade de trabalho, ofício, ou profissão. Somente depois é que se passa a cobrar do titular de tais sobre-situações jurídicas ativas um eventual desrespeito a direitos constitucionais alheios, ainda que também densificadores da personalidade humana; ou seja, como exercer em plenitude o direito à manifestação do pensamento e de expressão em sentido geral (sobredireitos de personalidade, reitere-se a afirmativa), sem a possibilidade de contraditar, censurar, desagradar e até eventualmente chocar, vexar, denunciar terceiros? Pelo que o termo 'observado', referido pela Constituição no caput e no § 1º do art. 220, é de ser interpretado como proibição de se reduzir a coisa nenhuma dispositivos igualmente constitucionais, como os mencionados incisos IV, V, X, XIII e XIV do art. 5º. Proibição de se fazer tabula rasa desses preceitos igualmente constitucionais, porém sem que o receio ou mesmo o temor do abuso seja impeditivo do pleno uso das liberdades de manifestação do pensamento e expressão em sentido lato.

"Sem que o receio ou mesmo o temor do abuso seja impeditivo do pleno uso das duas categorias de liberdade, acabamos de falar, porque, para a Constituição, o que não se pode é, por antecipação, amesquinhar os quadrantes da personalidade humana quanto aos seguintes dados de sua própria compostura jurídica: liberdade de manifestação do pensamento e liberdade de expressão em sentido genérico (aqui embutidos a criação e o direito de informar, informar-se e ser informado, como expletivamente consignado pelo art. 37, 1, da Constituição portuguesa de 1976, 'versão 1997'). Caso venha a ocorrer o deliberado intento de se transmitir apenas em aparência a informação para, de fato, ridicularizar o próximo, ou, ainda, se objetivamente faz-se real um excesso de linguagem tal que faz o seu autor resvalar para a zona proibida da calúnia, da difamação, ou da injúria, aí o corretivo se fará pela exigência do direito de resposta por parte do ofendido, assim como pela assunção de responsabilidade civil ou penal do ofensor. Esta, e não outra, a lógica primaz da interação em causa. [...].

"Sustentar o contrário parece-me postura de quem vaza os próprios olhos para não ter que enxergar esses dois enfáticos e geminados comandos constitucionais: primeiro, o de que os sobredireitos de personalidade aqui seguidamente vocalizados se caracterizam pelo seu exercício 'livre' (incisos IV e IX do art. 5º da Constituição); segundo, o de se tratar de superiores direitos que, se manifestados por órgão de imprensa ou como expressão de atividade jornalística, passam a receber sobretutela em destacado capítulo da nossa Lei Maior (Capítulo V do Título VIII), pois a dupla verdade jurídico-científica traduz-se em que a imprensa tem o condão de favorecer o uso desses tão encarecidos direitos de personalidade (s o b r e d i r e i t o s, nunca é demais repetir) e ainda se põe como vizinha de porta da democracia, essa verdadeira célula mater de todas as grandes virtudes coletivas. Condôminos, então (imprensa livre e democracia), de um metafórico edifício que a nossa Lei Maior ergueu para possibilitar à nação brasileira caminhar mais decidida e facilitadamente na direção de si mesma."*

Daí porque a proteção constitucional dos direitos de personalidade individuais, embora não deixe de existir, em um primeiro plano cede em favor do direito/dever constitucional da imprensa de circular informações, que tomam a proporção de sobredireitos, diante do seu mais amplo e largo alcance.

Muito embora o entendimento vinculante adotado pelo STF na ADPF 130 esteja claro, não é incomum deparar-se, no âmbito dos tribunais pátrios, com certa resistência em segui-lo, conforme destacado pelo ministro Celso de Mello, na Reclamação 18566 MC (DJe 16 de setembro de 2014), quando indicou que "o exercício de jurisdição cautelar por magistrados e tribunais não pode converter-se em prática judicial inibitória, muito menos censória, da liberdade constitucional de expressão e de comunicação, sob pena de o poder geral de cautela atribuído ao Judiciário qualificar-se, anomalamente, como um novo nome de uma inaceitável censura estatal em nosso país".

O STF tem demonstrado preocupação quanto a decisões que, sob o pretexto de resguardar direitos alheios, perfazem-se em verdadeira censura judicial. Esse entendimento está em harmonia com o robusto sistema de proteção à liberdade de expressão pactuado pela Constituição Federal,

---

* BRASIL. Supremo Tribunal Federal. Arguição de Descumprimento de Preceito Fundamental nº 130 / DF, Tribunal Pleno do Supremo Tribunal Federal, Rel. Ministro Carlos Ayres Britto, julgado em 30 de abril de 2009.

tanto quanto valor intrínseco da dignidade humana, quanto meio para promoção de outros valores constitucionalmente consagrados, como a própria democracia.*

Neste ponto, é possível identificar *uma sistemática constitucional da liberdade de expressão* (*lato sensu*), a qual inclui direitos de liberdade de expressão *stricto sensu*, que compreende o direito de cada pessoa em externar suas opiniões, ideias, manifestação; o de liberdade de informação, que compreende tanto o direito individual de informar, quanto o direito de receber informação; e liberdade de imprensa, direi-

---

* No ordenamento jurídico brasileiro, a liberdade de expressão apresenta-se como alicerce fundamental do Estado Democrático de Direito, seja sob seu aspecto substantivo, seja sob a sua ótica instrumental. Em resumo, a Constituição tutela e garante: a livre manifestação do pensamento em todos os seus desdobramentos, inclusive artísticos, científicos, religiosos e políticos (art. 5º, IV, VI e IX); o direito de resposta (art. 5º, V); a liberdade de consciência e de crença (art. 5º, VI); o amplo acesso à informação, com as garantias que lhe são inerentes (art. 5º, XIV, XXXIII e LVII); a liberdade de aprender, ensinar, pesquisar e divulgar o pensamento, a arte e o saber, como princípio reitor do ensino (art. 206, II); a livre manifestação do pensamento, a criação, a expressão e a informação, sob qualquer forma, processo ou veículo (art. 220); a plena liberdade de informação jornalística em qualquer veículo de comunicação social (art. 220, §1º); e veda toda e qualquer censura de natureza política, ideológica e artística (art. 220, §2º). Vale salientar, ademais, que não se trata de rol taxativo, já que, na forma do §2º do art. 5º da Constituição, "[o]s direitos e garantias expressos nesta Constituição não excluem outros decorrentes do regime e dos princípios por ela adotados, ou dos tratados internacionais em que a República Federativa do Brasil seja parte". Assim, também fazem parte do sistema constitucional da liberdade de expressão diversos tratados e convenções internacionais de que o Brasil é signatário, dentre os quais: (i) a Declaração Universal dos Direitos Humanos (art. 19); (ii) o Pacto Internacional dos Direitos Civis e Políticos (art.19); e (iii) a Convenção Americana de Direitos Humanos (art. 13).

to eminentemente público relacionado tanto com a liberdade de informação, quanto com a de expressão.

Nosso sistema constitucional dedica especial cuidado à tutela da liberdade de expressão e imprensa e direitos à informação enquanto pilares e instrumentos imprescindíveis para o resguardo e a promoção das liberdades públicas e privadas dos cidadãos. Trata-se de valores essenciais protegidos pela Constituição Federal, dos quais se extrai a vedação a qualquer tipo de censura prévia, inclusive aquela emanada do próprio Poder Judiciário.

A prevalência da liberdade

Reconhecendo a importância de se garantir prevalência à liberdade de expressão e informação, livre de censura, observou o ministro Luís Roberto Barroso, na Reclamação 28.299 MC, DJe 29 de setembro de 2017:

"O fato de a matéria em questão ter sido redigida com o uso de tom crítico não torna aconselhável, por si só, a proibição de sua divulgação. Como os elogios, em geral, não geram insatisfações, são exatamente as manifestações jornalísticas que empregam tom ácido as que demandam, com maior intensidade, a tutela jurisdicional. Com isso, não se está a menosprezar a honra e a imagem de eventuais ofendidos, mas a afirmar que esses bens jurídicos devem ser tutelados, se for o caso, com o uso de outros instrumentos de controle que não importem restrições imediatas à livre circulação de ideias, como a responsabilização civil ou penal e o direito de resposta."

É nítido que decisões judiciais que imponham aos veículos de comunicação um dever de se absterem de veicular determinada matéria jornalística violam diretamente o direito fundamental à liberdade de expressão, o direito difuso à informação e a regra específica de vedação à censura. Mais do que isso, afrontam diretamente a autoridade da decisão do E. Supremo Tribunal Federal na ADPF nº 130.

O eminente ministro Luís Roberto Barroso, em sua doutrina dedicada ao conflito entre a liberdade de expressão e os direitos individuais de personalidade, bem destaca que "*no mundo atual, no qual se exige que a informação circule cada vez mais rapidamente, seria impossível pretender que apenas verdades incontestáveis fossem divulgadas pela mídia. Em muitos casos, isso seria o mesmo que inviabilizar a liberdade de informação, sobretudo de informação jornalística, marcada por juízos de verossimilhança e probabilidade*".*

Neste sentido, a divulgação da matéria jornalística, construída a partir de fontes sérias e abarcando unicamente a verdade dos fatos sem excessos, denota a relevante função pública e social exercida pelo jornalismo praticado pelo Grupo de Investigações do Grupo RBS, cumprindo integralmente com o direito de informar.

Na análise de cada reportagem do Grupo de Investigação, após rigoroso processo de apuração jornalística, temos a narrativa dos fatos, entrevistas, documentos, gravações feitas ao longo de dias, semanas, por vezes meses de investigação e relatos dos profissionais envolvidos.

---

* BARROSO, Luís Roberto. *Colisão entre liberdade de expressão e direitos da personalidade. Critérios de ponderação. Interpretação constitucionalmente adequada do Código Civil e da Lei de Imprensa*. R. Dir. Adm.: Rio de Janeiro, 235, 1-36, jan./mar. 2004.

Isso sem esquecer o último estágio antes da publicação, a busca do contraponto, oportunizando às partes a apresentação de sua versão sobre os fatos, em respeito ao princípio do contraditório.

Importante ressaltar que são os editores dos veículos de comunicação do Grupo RBS que avaliam e definem quando a reportagem está pronta para publicação, seguindo preceitos éticos e métodos jornalísticos empregados na realização de cada trabalho do Grupo de Investigação (GDI), com o objetivo de divulgar fatos de interesse público, com *animus narrandi*, sem juízo de valor, resguardados os espaços de opinião existentes para assegurar o livre exercício do direito de crítica.

É com amparo no conjunto de indícios capazes de demonstrar um determinado fato, sem abuso de direito por parte dos veículos, que se narra uma situação de interesse público, em especial de possíveis malfeitos à sociedade, a partir de uma conduta que pode ser ilegal, imoral e/ou antiética.

As reportagens são produzidas a partir do maior número de informações possíveis, assegurando a necessária imparcialidade e o compromisso do GDI com os deveres gerais de cuidado, veracidade e pertinência da matéria para com a sociedade.

É justamente a partir de tais bases que o GDI adota robusto método jornalístico com intento de certificar os fatos relatados nas reportagens.

E é desta forma que as reportagens produzidas pelo Grupo de Investigação têm sido publicadas com a segurança jurídica necessária, prevalecendo a liberdade de expressão e informação sobre direitos individuais daqueles que eventualmente figurem como personagens de matérias jornalísticas.

Havendo conflito entre a liberdades de expressão e de informação e a tutela de garantias individuais, caberá ao Poder Judiciário a realização do cotejo jurídico sobre os bens tutelados, de modo a decidir, com base no caso concreto, qual deve se sobrepor ao outro. Tal ponderação se faz necessária na medida em que inexiste, no nosso ordenamento, direitos absolutos.

Se as informações veiculadas em matérias jornalísticas são verdadeiras e guardam pertinência com o interesse público, tendo o GDI se limitado a narrar os fatos apurados até a data da publicação e despidos de qualquer juízo valorativo, o direito de informar deverá prevalecer sobre eventuais direitos individuais.

Reportagens elaboradas de acordo com os fatos ocorridos, evidenciando a intenção de informar a sociedade sobre temas sensíveis e de inegável interesse público, que é fator inerente à razão de ser da imprensa, estão protegidas constitucionalmente.

E assim, a cada nova reportagem do GDI renovamos a crença no jornalismo e na liberdade de imprensa como princípio fundamental para o exercício da cidadania.

Os autores

Nelson P. Sirotsky

Empresário dedicado ao setor de mídia há cinquenta anos, presidiu o Grupo RBS por 21 anos e, hoje, integra o seu Conselho de Administração, atua como *publisher*, preside a Fundação Maurício Sirotsky Sobrinho e o conselho da RBS Prev. Em 2012, fundou a Maromar Participações, holding de investimentos de sua família que apoia causas como empreendedorismo, esporte e cidadania. Foi conselheiro da Algar Telecom e da Zenvia. Com forte atuação associativa, presidiu a Associação Nacional de Jornais por dois mandatos, além de ter participado de entidades como Abert, Endeavor, Instituto Milenium e ADVB. É membro do Conselho Nacional da Endeavor Brasil e embaixador da instituição no Rio Grande do Sul. Graduado em Administração de Empresas pela Universidade Federal do Rio Grande do Sul (UFRGS), ao longo de sua trajetória fez inúmeros cursos no Brasil e no Exterior, entre os quais o Executive Management Course na University of Southern California (EUA). É coautor do livro *O oitavo dia (primeira pessoa)*.

Marcelo Rech

Consultor e colunista de *Zero Hora*. Por 27 anos, foi executivo do Grupo RBS, onde atuou como diretor de redação de *Zero Hora*, diretor-executivo de Jornalismo e vice-presidente Editorial e Institucional. Como repórter, cobriu cinco expedições do Brasil à Antártica, duas delas no inverno, as guerras do Golfo e da Iugoslávia e a dissolução da União Soviética.

Formado em jornalismo pela UFRGS, tem cursos de especialização no Media Management Center da Kellog e em Media Strategy na Harvard Business School. Entre 2015 e 2017 foi presidente do Fórum Mundial de Editores (WEF). Preside desde 2017 a Associação Nacional de Jornais (ANJ) e integra o comitê executivo da World Association of News Publishers (WAN-IFRA). Também é vice-presidente do Conselho Nacional de Autorregulamentação Publicitária (Conar) e membro dos *boards* do CENP, o Fórum de Autorregulação do Mercado Publicitário, e da organização Palavra Aberta.

Marta Gleich

Diretora-executiva de Jornalismo e Esporte do Grupo RBS, membro do Comitê Executivo da empresa e secretária do Conselho Editorial, é responsável pelos conteúdos de RBS TV, rádios Rádio Gaúcha e CBN, jornais *Zero Hora*, *Diário Gaúcho*, *Pioneiro* e produtos digitais GZH, G1 RS e GE RS. Jornalista formada pela UFRGS, tem quatro pós-graduações: MBA em Transformação Digital e Novos Negócios (PUCRS), XBA – Programa Executivo Internacional de Gestão Exponencial da StartSe University e mestrados profissionalizantes em Jornalismo Digital e Gestão de Empresas Jornalísticas pelo Instituto Internacional de Ciências Sociais (IICS) de SP. Coordena o Comitê Editorial da Associação Nacional de Jornais (ANJ) e da Associação Nacional de Editoras de Revistas (Aner). Há quarenta anos no Grupo RBS, foi, entre outras funções, repórter investigativa, editora-chefe de *Zero Hora*, diretora de Internet, diretora de Redações e uma das idealizadoras do GDI.

Rodrigo Lopes

Colunista, comunicador do Grupo RBS e membro do Conselho Editorial da empresa, produz conteúdos sobre política local, nacional e internacional. Jornalista formado pela UFRGS, tem cinco pós-graduações: Jornalismo Ambiental (International Institute for Journalism, Berlim), Jornalismo Literário (Academia Brasileira de Jornalismo Literário, São Paulo), Direção Editorial (IICS, São Paulo), Estudos Estratégicos Internacionais (UFRGS, Porto Alegre) e Ciência da Comunicação (mestrado acadêmico, Unisinos, São Leopoldo). Há 27 anos no Grupo RBS, fez mais de trinta coberturas internacionais, entre atentados terroristas, terremotos, furacões e guerras (Líbano, Líbia, Iraque, Ucrânia e Israel). Atuou como repórter, editor de Mundo, Geral e Capa, correspondente em Brasília e foi o primeiro coordenador do GDI. É autor dos livros *Guerras e tormentas* e *Trem para Ucrânia*.

Carlos Etchichury

Gerente executivo de Esporte da redação integrada e membro do Comitê Editorial do Grupo RBS. Jornalista formado pela PUCRS, tem três pós-graduações: mestrado em Ciências Sociais pela PUCRS, com foco em Mídia e Violência; master em Jornalismo: Gestão Estratégica e de Marcas, no ISE Business School; e MBA em Gestão e Liderança Organizacional, na ESPM. Foi editor-chefe de *Zero Hora*, editor-chefe do *Diário Gaúcho* e coordenador do GDI. Atuou como repórter de *Zero Hora* por catorze anos, período em que conquistou 24 prêmios, entre eles Esso, Embratel, ARI, Grande Prêmio CNT de Jornalismo, Movimento de Justiça e Direitos Humanos, Ministério Público. É Jornalista Amigo da Criança, título concedido pela Agência de Notícias dos Direitos da Infância (ANDI). É coautor do livro *Os infiltrados – eles eram os olhos e os ouvidos da ditadura*, escrito em parceria com os repórteres Carlos Wagner, Humberto Trezzi e Nilson Mariano.

Dione Kuhn

Editora-chefe do jornal *Zero Hora* desde 2020, é também responsável pela editoria de Opinião do Grupo RBS. Jornalista formada pela PUCRS, começou a carreira como repórter de Política, recebendo os prêmios Embratel Região Sul, Associação Riograndense de Imprensa (ARI), Movimento de Justiça e Direitos Humanos, Ministério Público, entre outros. Foi também editora da área de *hard news* de *Zero Hora* de 2014 a 2019. Em 2022, foi coordenadora da cobertura eleitoral dos veículos da RBS. Teve passagens como repórter pelos jornais *Folha de S. Paulo*, *Correio do Povo* e *Jornal do Comércio*. É autora do livro *Brizola, da legalidade ao exílio* e coautora de *Zero Hora: 45 reportagens que fizeram história*.

Jaime Silva

Chefe de reportagem da editoria de Notícias da redação integrada de *Zero Hora*, GZH e Rádio Gaúcha, é responsável por coordenar a produção das áreas de Política, Economia, Geral e Porto Alegre. Formado em jornalismo pela Universidade Federal do Rio Grande do Sul, em 1995, tem mestrado em Comunicação e Informação pela mesma instituição, concluído em 2008, além de cursos de especialização no setor de economia. Já atuou nas rádios Bandeirantes AM e FM, em Porto Alegre, e em assessorias de imprensa. Está há 26 anos no Grupo RBS, onde desempenhou as funções de repórter e editor em diversas editorias.

Rodrigo Müzell

Gerente de Jornalismo Digital do Grupo RBS, é responsável pelo conteúdo e pela estratégia digital das redações integradas do grupo. Liderou o Grupo de Investigação (GDI) entre 2021 e 2023. Formado em Jornalismo pela UFRGS em 2001, tem Master em Jornalismo Digital pelo IICS (2015) e mestrado em Comunicação pela PUCRS (2020), com foco em desinformação. Começou como repórter em 2001 na editoria de Economia de *Zero Hora* e cobriu os setores de tecnologia, energia e mercado financeiro. Em 2009, foi repórter no jornal *The Philadelphia Inquirer* (EUA) como *fellow* do programa de intercâmbio AFPP. Coordenou a cobertura dos preparativos para a Copa do Mundo de 2014, no Brasil, além de atuar em reportagens investigativas. Entre 2018 e 2022, foi gerente de produto do Jornalismo da RBS TV. De 2022 a 2023, integrou o Conselho Editorial do Grupo RBS.

Diego Araujo

Jornalista formado pela UFRGS em 1995, ano em que entrou no Grupo RBS, primeiro na Rádio Gaúcha e depois em *Zero Hora*. Desde então, foi repórter, chefe de reportagem e editor de Geral por mais de uma década. Em 2012, tornou-se editor de Esportes, coordenando equipes que cobriram Jogos

Olímpicos e Copas do Mundo, entre elas a do Brasil, na qual mais de quarenta profissionais relataram o evento nas doze sedes espalhadas pelo país. Em 2018, tornou-se editor-chefe do *Diário Gaúcho*, função que atualmente acumula com a coordenação do GDI e com a edição de capa de *Zero Hora*.

Giovani Grizotti

Formado pela PUCRS, começou suas atividades profissionais no *Jornal de Capão*, passando pelo jornal *Costa do Mar & Serra* e Rádio Horizonte, de Capão da Canoa. Desde 1996, trabalha no Grupo RBS, no qual começou como repórter e produtor da Rádio Gaúcha, tendo conquistado prêmios nacionais como Rede Globo de Jornalismo, CNT, Líbero Badaró, Esso, Embratel e Vladimir Herzog. Foi finalista do Emmy Internacional e por quatro vezes indicado ao Investigative Reporters and Editors Awards, além de atuar como diretor da Associação Brasileira de Jornalismo Investigativo (ABRAJI). Suas apurações já resultaram na cassação de dois deputados estaduais. Entre as reportagens de destaque realizadas com câmera escondida, estão ainda investigações envolvendo a "máfia das próteses" e "a fraude dos pardais". Em 2018, Grizotti denunciou a farra dos prêmios concedidos a políticos, conseguindo comprar um diploma de "melhor prefeito do Brasil" para um jumento. Em 2021, criou um candidato virtual, o "Virtu Aldo", para mostrar como pode ser construída, artificialmente, a imagem de um candidato nas redes sociais.

Carlos Rollsing

É repórter de *Zero Hora* desde 2011 e integrante do GDI desde sua fundação. Iniciou a trajetória profissional na cobertura de Política, área em que atua até os dias atuais. A partir de 2012, começou a publicar investigações jornalísticas e a expandir o olhar para outros temas, como a imigração contemporânea, os marcos históricos e o cotidiano de Porto Alegre. Recebeu cerca de quarenta distinções na carreira. Dentre elas, venceu o grande prêmio Petrobras de Jornalismo e a categoria nacional do concurso do Ministério Público do Trabalho. Nasceu e cresceu em Porto Alegre, principalmente nos bairros Jardim Leopoldina, IAPI e Lomba do Pinheiro. Escolheu fazer Jornalismo sem muita convicção na juventude, mas não se arrependeu depois. Até agora, pelo menos. Atualmente, aos 39 anos, também produz reportagens para GZH e Rádio Gaúcha, todos veículos do Grupo RBS.

Adriana Irion

É repórter especial e integrante do Grupo de Investigação do Grupo RBS. Formada em Jornalismo e em Direito pela PUCRS, trabalha desde 1992 no Grupo RBS. Atuou nas editorias de Polícia e Política de *Zero Hora* e integrou a equipe de criação do jornal *Diário Gaúcho*, em 2000. Em 2012, foi uma das autoras da série "Meninos Condenados", vencedora de cinco diferentes prêmios nacionais e internacionais, entre eles, o Prêmio Esso Regional e o 2º lugar do Prêmio Ipys de Reportagem. Da Associação Riograndense de Imprensa ganhou a Medalha Alberto André por contribuições ao Jornalismo. Foi agraciada pelo Ministério Público de Contas com a Comenda Guilhermino Cesar pela Liberdade de Expressão pela "destacada atuação em prol do controle da administração pública". Recebeu da Câmara de Vereadores de Porto Alegre a comenda Porto do Sol por reportagens sobre corrupção.

Humberto Trezzi

Repórter especial, integrante do Grupo de Investigação do Grupo RBS (GDI). Atua mais focado em reportagens sobre assuntos de segurança pública e da área militar, tendo também uma coluna de análise sobre esses temas. Jornalista formado na PUCRS, participou de coberturas de guerras civis (Angola, Colômbia, Líbia), de tentativas de golpes de Estado (Bolívia e Equador), em regiões dominadas por facções criminosas (em locais como México, Paraguai, Rio de Janeiro e São Paulo) e de desastres naturais (terremoto no Chile, enchentes em Santa Catarina, entre outros). Está há 36 anos no Grupo RBS e sempre foi repórter. Nesse período, recebeu mais de setenta prêmios de jornalismo. Entre eles, vários do Movimento de Justiça e Direitos Humanos, da Associação Riograndense de Imprensa, do Ministério Público e três Esso (dois regionais e um nacional).

Débora Dalcin Rodrigues

Advogada, atua como consultora jurídica do Grupo RBS. Formada pela Universidade de Cruz Alta em 1995, cursou pós-graduação em Ciências Penais pela UFRGS, pós-graduação em Processo Civil pela UFRGS e pós-graduação em Compliance pela PUCRS. É vice-presidente jurídica da Associação Gaúcha de Emissoras de Rádio e Televisão (AGERT), coordenadora do Comitê Jurídico e de Assuntos Tributários da Associação Nacional de Jornais (ANJ) e Conselheira da 5ª Câmara do Conselho de Ética do Conselho Nacional de Autorregulamentação Publicitária (CONAR).

lepmeditores

www.lpm.com.br
o site que conta tudo

Impresso na Gráfica COAN
Tubarão, SC, Brasil
2024